みんなの家事ブック

本多さおり

本多さおりの「家事がしやすい」部屋探訪

マイナビ

はじめに

家事は日々の繰り返しの作業なので、自分のやり方はどうしてもマンネリ化しがちです。そして、家事は閉ざされた空間で黙々と行なうため、ほかの人のやり方を目撃する機会がなかなかありません。私は仕事柄、一般家庭へおじゃましてお客さまと家事の話で盛り上がることがよくあるのですが、そこで「なるほど！」というお持ち帰りネタをいただけるととてもうれしくなります。ご本人が当たり前にやっていることでも、私にとっては新鮮でマネしたくなるようなアイデア、試してみたい商品、簡単でおいしいレシピ……そんな家事のスパイスは、マンネリ化した私の家事に新しい風をもたらしてくれるのです。

この本ではうれしいことに、私が気になった7軒のお宅に「あなたの家事、見せてください」という取材に応じていただきました。仕事をしながら、お子さんを育てながら、と家事に充てられる時間はさまざまですが、どの方にも共通していたのは「気分よく家事をこなすためのしかけ」があることでした。そのしかけはいたってシンプルで、自分がラクできるように考えられたものばかり。洗顔のついでにハンドソープで洗面ボウルを洗ったり、バスマットの代わりに折り畳んだタオルを使ったり、洗濯ものを戻す場所ごとに干したり……。「あ、ちょっといいな」というほんのひとさじの変化が、毎日の暮らしにじわじわとうれしさをもたらしてくれるものなのです。

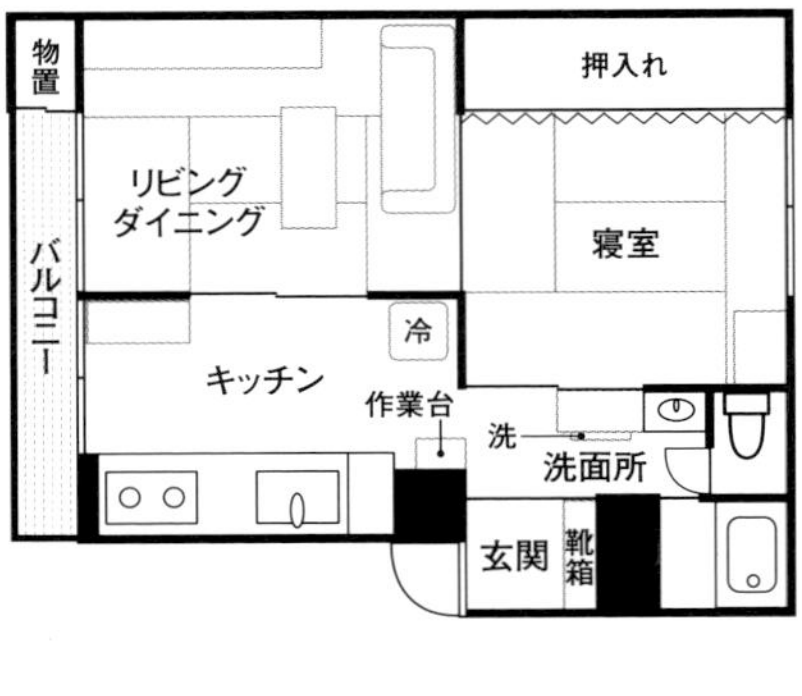

わが家は42㎡ 2Kの賃貸住宅に2人暮らし。田の字型の間取りはぐるぐると回遊でき、アクセスが良好。窓辺にあったテーブルを壁際に移し、ソファを90度変更したことで、バルコニーへの出入りがスムーズに。

A. TANAKA

AIKO

NAGANO

MORISHIMA

NOMURA

Y.TANAKA

「3人暮らしを目前に
家事をさらに
好きになりたいと
思うように
なりました」

ある日のつくり置き。豚汁、漬け卵、ポテトサラダ……と料理は基本に忠実な私。ゆでたオクラとにんじんは手軽に野菜を摂るためで、弁当の彩り役にも。

これからの、家事がしやすい部屋づくり

やり方やしくみを変えれば、家事はどんどんラクになる――。

前著の『家事がしやすい部屋づくり』(小社刊)でそう書いたとき、私は夫婦2人暮らしでした。けれど今は新しい命を授かり、家事のやり方やしくみに変化の兆しが見られます。

どんな人にも家事の好き嫌いはあり、今回お話を伺ったみなさんも「好き」と「嫌い」がはっきりと分かれていました。私も、何を隠そう料理が大の苦手。幼い頃、母が外食先で味の分析をしている傍らで、「いったい何がおもしろいの?」と疑問に思ったほど、料理に関心が持てないのです。食べることは大好きなのに、つくる、という行為に興味が抱けない。夫も「男子厨房に入らず」タイプなので、わが家の料理番は必然的に私。「今日の献立どうしよう?」、「食材、使い切らなきゃ!」というストレスを少しでも軽減したいと、これまであの手この手で乗り切ってきました。

今はこの、料理の「イヤだな感」を少しでも減らしたい。親として子どもに食べさせていく責任、健康へのますますの関心、世話を焼く家族が増えるという現実……。料理をはじめ、アイロンがけや買いものなど、苦手な家事も「やらなきゃ!」と意気込まず取りかかれるよう、得意な収納や掃除のように、自分なりのマイスタイルをつくっていきたいのです。

そして子どもが生まれたら、親子のつき合いは対等に。「話してもわからないだろうから言わない」ではなく、「わからないかもしれないけれど話そう」と努めようと思います。そうすれば、苦手なことも臆せずカミングアウトでき、「お母さん、苦手だけど頑張ろうと努力しているんだよ」と素直に伝えられる。それは、私の「やらなきゃ!」を和らげ、「イヤだな感」を減らし、少しずつ好きに近づいていく。

出産により、苦手な家事も好きになるチャンスを得ることができそうです。

COOKING

料理

「おいしい」の鉄板を持つ

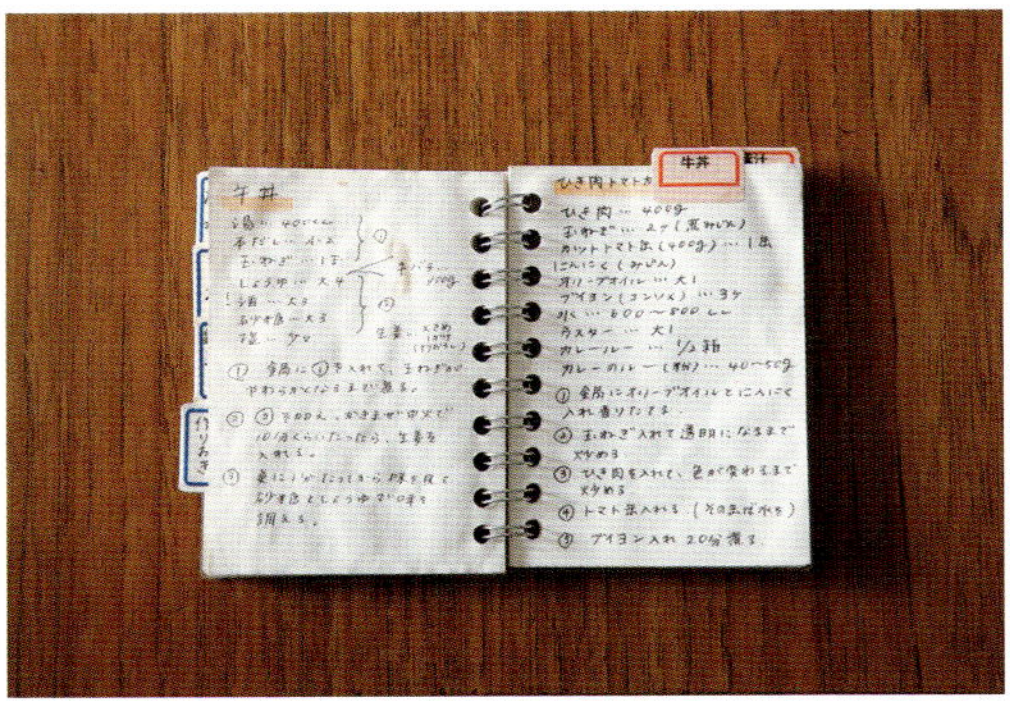

結婚後につくり始めた、手のひらサイズのレシピ帳。これがないときっと、日々の夕食づくりに困るでしょう。雑誌やネットで見つけたもの、友人のおすすめ……など、一度つくって気に入った料理をメモ。インデックスは、主菜、副菜、つくり置き、たれ・ソースの4つ。写真の「牛丼」と「豚汁」は、特別枠です。

つくり置きの適量を見つける

冷蔵庫につくり置きがあれば、毎朝の弁当づくりがラクチン。それを実感してから、時間と野菜があるときは、常備菜をつくっています。けれど、手間暇×余りものでつくった常備菜は、量が多すぎて消費が追いつかない！　なんてことも。そんな経験から、今は、汁もの1、おかず2、ゆで野菜2をわが家の適量に。

市販の万能だれを味方につける

市販の万能だれは最後まで使い切れた試しがなかったので、しばらく手を出しませんでした。でも、ゆで野菜や豆腐に「かけるだけ」で一品になる、ステップのシンプルさは助けになります。そこで、このたび食いしん坊からのお墨つきを頼りに再チャレンジ。味を決める面倒な段取りをパスできて、うれしい限り。

左）梅肉を贅沢に使った「もへじ　梅しそのたれ（紀州南高梅使用）」と、まろやかな酸味のポン酢しょうゆ「佐吉のたれ」。上右）「もへじ　梅しそのたれ（紀州南高梅使用）」にごま油とはちみつを混ぜ、ゆでたほうれん草としらすを和えました。上左）刻んだ野菜に「佐吉のたれ」をツーツーとかけるだけで、おいしいサラダに。

作業スペース、拡張しました

AFTER

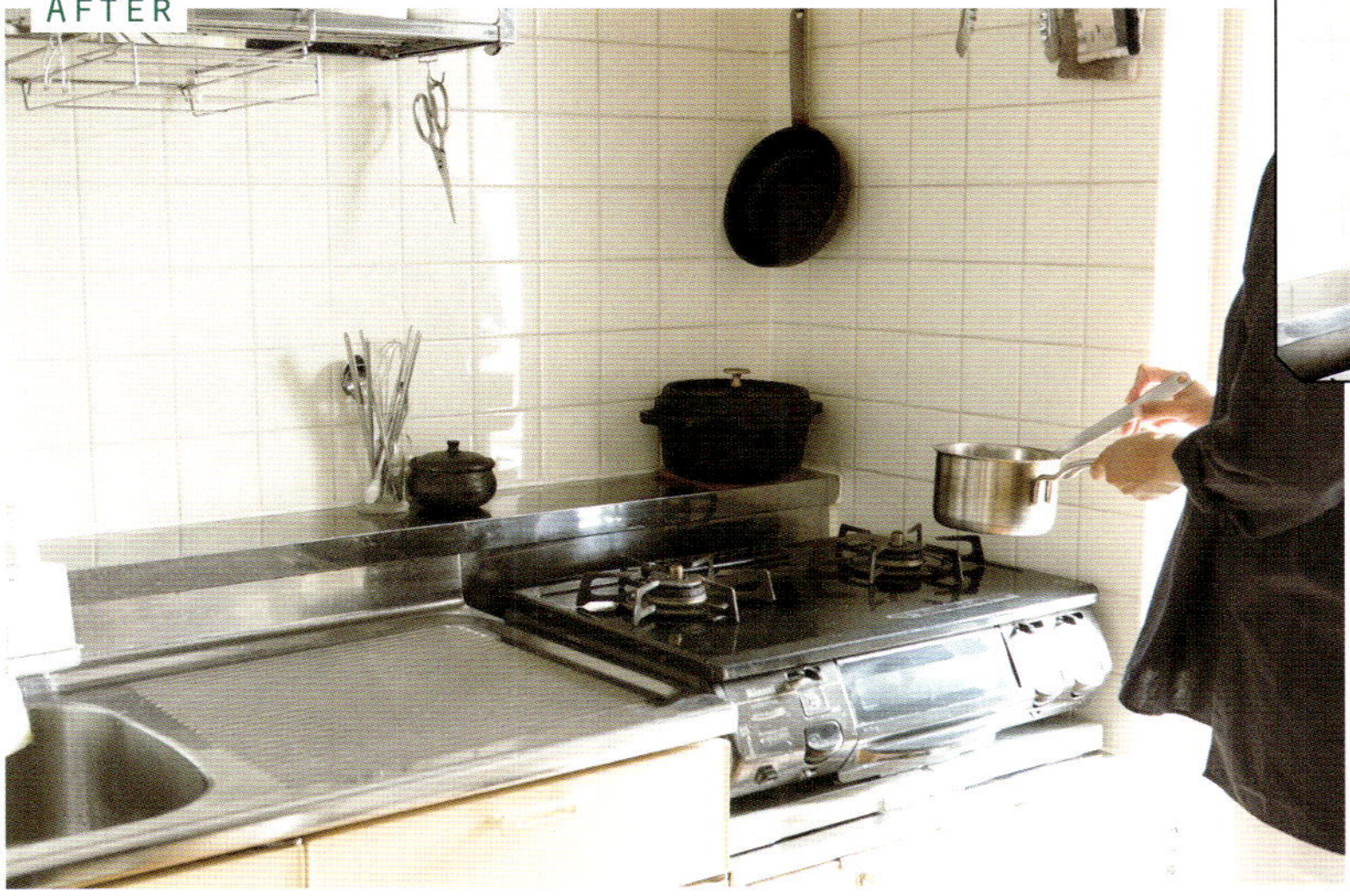

BEFORE

給排水管が通っている１段高くなった場所。ツール立てを置いて、お玉や菜箸などを収納していましたが、そっくり引き出しに移動。鍋やボウルを置くスペースが生まれました。調理中は片手がふさがっていることが多いので、ヒョイと置けて便利。作業スペースも広々と使えます。

調理のスピード化を図る

子どもが生まれると、今以上にキッチンに立つ時間が限られます。そう考えて、調理の手際がよくなるよう見直してみました。まずは、コンロ正面の1段上がったひな壇状のスペース。ツール立てを取り除き、調理途中のものを置けるように。また、調味料は冷蔵庫からコンロ下へ移動し、出し入れしやすく。小さな手間の節約で効率化を進めています。

調味料は、取りに行きません

AFTER

BEFORE

冷蔵庫のポケットに収納していた料理酒、みりん、しょうゆ。取る・戻す手間が面倒なので、コンロ下に移動しました。調理中はレンジテーブルの上に紙袋ごとドンとのせて、そこから出し入れ。調理が終わったら、コンロ下に戻します。以前取材先で教わったアイデアを拝借しました。

IRONING アイロンがけ

着回し服の定着で週1家事に組み込む

苦手なアイロンがけは、季節の着回し服12着が決まったことで、ちょっと変化がありました。12着の中にはシャツが含まれているため、週に1〜2回の割合でアイロンをかけるようになったのです。これはチャンス！　とハンカチもついでがけ。しわのないハンカチは出先で使う度に気持ちよく、習慣になっています。

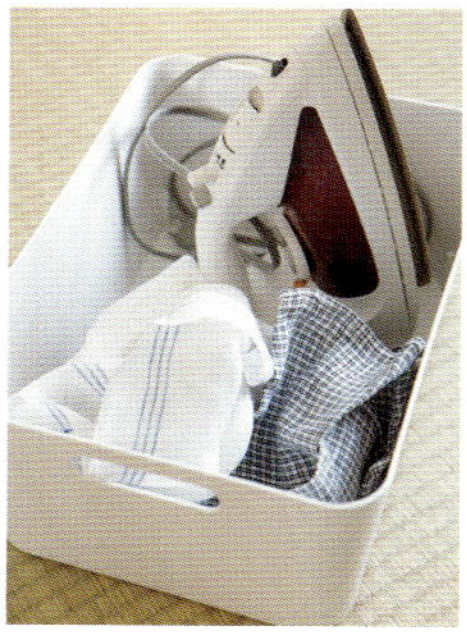

右）取り込んだハンカチは、アイロンを収納したボックスに入れておけば、準備に手間取りません。ボックスは押入れの上段に。左）夫がYシャツを着るのは週に数回。クリーニングに出しに行くのは面倒なので、アイロンいらずの形状記憶Yシャツを愛用しています。いろいろ試した結果、今はブルックスブラザーズのものに落ち着きました。

アイロン済みのハンカチは、玄関そばのワイヤーかごに入れて。サッとつかんで、ポケットやバッグに入れて出かけます。5〜6枚を夫と共有で使用。

PAPERWORK 書類整理

書類が片づくベース基地をつくる

わが家の居間はたったの6畳。ここで、食事や団らん、仕事もこなしています。狭いので終わった仕事の書類は処分していますが、取っておく書類の整理はなぜか停滞気味。もしかしたらソファと収納の位置関係がマズいのでは？　と思い、ソファに座ったまま手が届く配置に。すると、書類がスイスイ片づいたのです。

右）財布からレシートや領収書を取り出すのは帰宅後。バッグの中身を片づけるタイミングで、一時保管場所へ移します。月に２回家計簿をつけるときに整理。左）分類変えるかも？　そんな一時的に保存する書類には、全面のりタイプのふせんを用いたインデックスが便利です。貼って折り返せばＯＫ。

ERRAND 雑用

買い出しは、出発前に買うものを整理。ダ→100円ショップ、ド→ドラッグストアなど店別に書き出し、重要度の高い順に回ります。

日々の雑用は一気にすませる

「いつか買おう」、「ついでに寄ろう」。そんな積み重ねで気づけば小さな雑務がこんもり。備品の買い出し、クリーニング・古本の持ち込みなどは溜まると億劫になり、頭の片隅にももやもやが残ります。雑用は、合間時間ではなく、半日ほど時間をつくって、一気に片づけるように。そのほうがパフォーマンスが上がります。

「家事貯金の増やす化」進化中です！

明日をラクするために今日頑張る「家事貯金」。
家事と子育ての両立を図るため、目標値を１割→２割にアップ。

私の夜準備

明日のコーデ

朝が早い仕事のときは前日にコーデをすませ、寝室の窓際に吊るしておきます。タイツやブラトップも用意して、朝は着るだけに。空いた時間で部屋の片づけを。

朝食のご飯

寝る前にお米と水を鍋にセット。起きたら真っ先に火をつけ、洗顔を済ませます。ふたを開けているのは、洗面所からでも沸騰が確認できるから。段取りの一環。

夫の家事参加

Ｙシャツ洗い

Ｙシャツは、洗面ボウルに湯を張って浸す。ここまでが夫の役目でしたが、今では洗って洗濯機に入れてくれるように。私はスイッチを押すだけでよくなりました。

食器すすぎ

シンクの左側で私が汚れを落とし、右側に立つ夫がすすいで作業スペースに置く。ひとりでやっていた食器洗いも、役割分担が明確化。作業量が半分に減りました。

ゴミ捨て

カレンダーにゴミ曜日をマーキングし、目につく冷蔵庫に。いつだっけ？　と思ったら、確認できるようにしました。おかげで、週３回のゴミ出しはおまかせに。

PART 1

「家事がしやすい」部屋探訪

できるだけ速やかに、なるべく簡単に。やり方は違っても、思いはみんな同じ。7軒のお宅を訪ね、暮らしを整える方法を教わりました。

暮らしの先輩に会いに行く

男女の家事を学ぶ家

引田ターセンさん・かおりさん

DATA
2人暮らし(夫68歳、妻57歳・ギャラリー・パン屋オーナー)。住まいは分譲マンションをリフォーム(120㎡、4LDK)。

トップバッターはギャラリストの引田ターセンさん、かおりさん夫妻。私はターセンさんのブログのファンで、合理的な家事スタイルに興味津々。暮らしの先輩に、家事の話を伺いました。

PROFILE
東京・吉祥寺にあるギャラリーféve、パン屋ダンディゾンを2人で営む。ブログ「ターセンの光年記」をもとにした『しあわせな二人』(KADOKAWA)を出版予定。かおりさんの著書に『私がずっと好きなもの』(小社刊)。

「ふたりの積み重ねと
費やした時間。
いくつになっても、男でも、
家事のスタートは切れます」

小物ひとつまでおふたりの美学が息づいた部屋。リフォームで備えつけた収納は、ラベルなしでもものの所在がわかるそう。さすが！

本多「掃除、しやすいですね！」

かおりさん「シャンプーもしまうんですよ」

右）浴室にはものを置かず、持ち込み制に。「掃除がラク。最後に入った人がタオルで水けを拭き取ります」。一度掃除業者に汚れをゼロにしてもらってから、その状態を維持しているそう。左）シャンプー類はタオルで拭いて洗面台下に。

ものを出すことで家が健康になる

本多（以下「本」）　ブログを拝見していると、ターセンさんは整理上手でいらっしゃる。ものをサクサク処分できる秘訣はなんですか？

ターセンさん（以下「タ」）　会社員時代に培った合理主義の影響が強いのかなぁ。たとえば、家電の保証書などは取っておかない。だって、1年以内に壊れることなんてまずないんだから。要するに、意味をなさないものは持たない。

かおりさん（以下「か」）　潔いんです、彼は。私はギャラリストなので、個展をお願いする作家さんのものは買って使ってみたいんですね。そうすると、必然的にものは増える。だから、リミットを超えたら整理するようにしています。食器

キッチンの吊り戸棚。おふたりが気持ちいい「スカスカ感」はこのくらい。収納をあれこれ工夫する必要がありません。

玄関の拭き掃除は、朝の散歩後の日課。「玄関がきれいだと、気持ちが清々しくなります」。使い捨てられるペーパータオルで手軽に。

タオルはフェイスタオルに一本化。同じサイズならデッドスペースが生まれず、すっきりと収まります。浴室で体を拭き、同じものを足拭きマットに。

靴下やハンカチを洗濯機に放り込む前に、棚や家具をひと拭き。「毎日のことだからそんなに汚れませんよ。道具を準備する必要なし」。

食後の習慣にしているのがシンク掃除。洗濯機行きの手拭きタオルで拭き上げ、水けを残しません。水切りかごも洗って拭いて乾燥。

棚の食器が取り出しにくいなぁと感じたら、よし今日はここを見直そう、と。

タ　2人とも、ギャラリストだけどコレクターではないんです。好きな作家さんの器を何十個も買ってきたけれど、手元には数えるほどしか残していない。自分たちだけでニンマリ見ているというのはどうも性に合わなくて、彼女なんか人にバンバン差し上げていますよ。

か　ものは循環させることで、家にいい気が入ってくるような気がするんです。体と一緒で出すことで健康になる。だから、使わないなら、自分より必要としている人に使っていただく。まだ十分に使える、ちょっと惜しいかも、というタイミングで、だれかにつなぐのは大事なことだと考えています。

空間と物量のバランス。ホテルの気持ちよさを求めて

本　収納で心掛けていることはありますか？

タ　適材適所。たとえばインターフォンの下の引き出しに、代引きで宅配業者に渡すお金を用意しておく。すると、すぐ行動に移せて、お待たせしない。便利でしょ？

か　何をするにも気持ちよさが物差し。

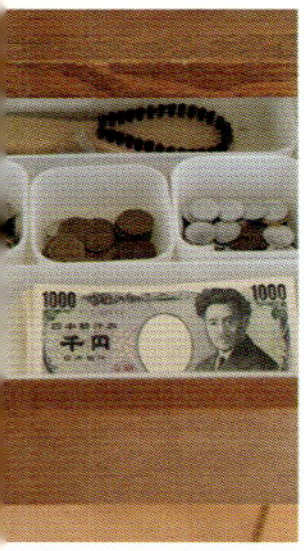

ターセンさん「ものは動線上が鉄則です」

右、上、左）インターフォンが鳴ったら、すぐ下の引き出しを開けて支払うお金を出し、廊下の印鑑を持って、玄関へ。動きにムダがありません。引き出しのお金は種類別に分け、お釣りを出さないようにするのが流儀。「運んでくださる方に敬意を表して」。

ものがぎゅうぎゅうに詰まっている状態が気持ち悪くて、スカスカなのが気持ちいい。ほら、ホテルって気持ちがいいでしょう？ あのホテルの気持ちよさを家でも体感したいと思っています。

タ　ものを片づけるのは2人。だけど、しくみを考えるのは僕で、見た目を整えるのは彼女です。僕は機能的に便利に暮らしたくて、彼女は見た目に美しい生活がしたい。そのミックスがいい。

本　なるほど、すっきり整った美しい部屋は、おふたりのコンビネーションだったんですね。家事の分担はどうされていますか？

タ　料理と掃除は彼女、食事の後片づけと洗濯は僕が中心。

本　結婚当初から？

タ　いやいや会社を卒業してからだから、この15年。

家事の師匠は妻。習い事のように日々鍛錬

か　最初、主人の家事は本当にひどくって、お皿を洗ったら、ビューンって飛ぶわ、ビショビショになるわ。そこを「あなたはやらなくていいわ」ではなく、「洗ってくれてありがとう」とまずお礼を言って（笑）、「でもそんなに強くこすらな

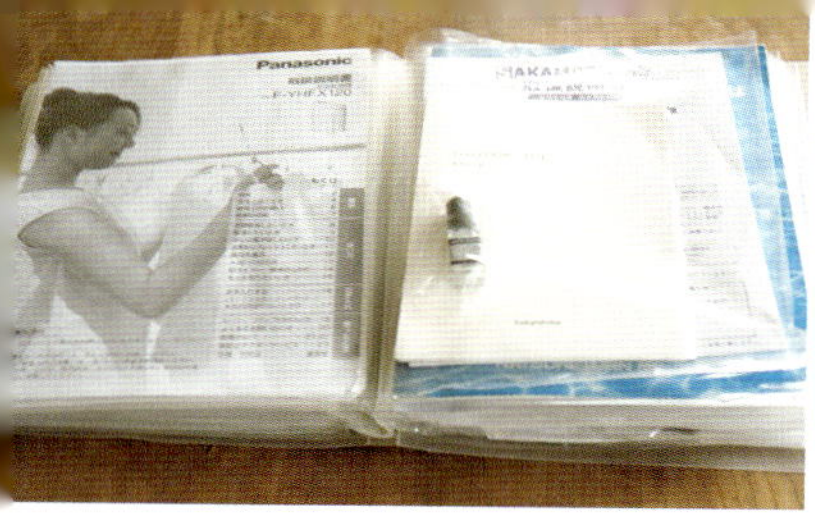

家電や設備の取説はファイル1冊。買い替え時に見直し、最近買ったものだけ、付属の部品と一緒に保管しています。外国製もあるため、A、B、C順にファイリング。

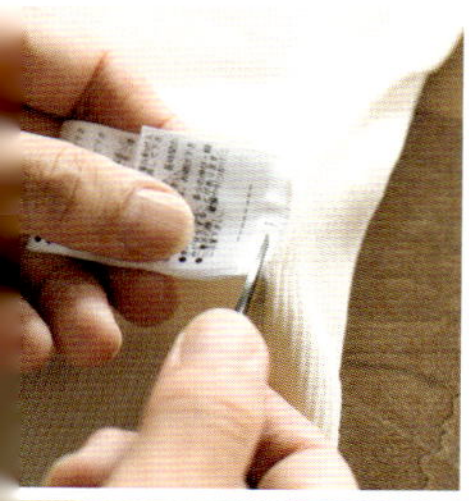

チクチクするタグは、「メーカーのクレーム対策。我々には不必要なインフォメーション」とカット。快適さを重視しているメーカーはタグの枚数も少ないそう。

本多「家事と収納の連係が抜群！」

食器は重いものから洗い、ガラスは最後に。「将棋崩しのように積むのはダメ。崩れ落ちて割れないよう、自立させます」。接着部分を最小にして、風通しよく。

上、左）「洗濯ものは、しまいやすさを考えて干すんですよ」。ピラミッド型に積んでクローゼットに運ぶため、大きさ順に干して取り込み、最後に積み上げていきます。しまうときは上から順にたんすに戻すだけ。すごい！

くてもいいんじゃない〜」って、繰り返し言って。

タ　そのかいあって、僕は今、洗濯ものを洗って畳んでしまう、食器を洗って後片づけを済ませるという、インフラ整備を担当。そのあとお香を焚く、玄関を磨き上げるなど、もっときれいに快適に過ごせるようにするのが彼女。僕が1段階目で、彼女が2段階目。

本　すごい進歩！　私の夫に聞かせたい。

タ　先生の教え方がいいから(笑)。いや本当に、とにかく彼女の言い方がうまいんだ。男は家事の勝手がわからないだけで、何歳からでも鍛えられる。仕事人間の僕だって変われたんだから。本多さん、あきらめたらダメですよ。

本　頑張ってみます(笑)。

引田家で見つけた

暮らしを彩るキッチンのもの

引田さんが選ぶものはどれも
美しさに機能性が備わった
使うのが楽しくなるものばかり。

TOOL 1 ポットウォーマー

ティーライトキャンドルで温めるウォーマー。ステンレス製の脚は安定感抜群で、ティーポットを置いてもぐらつきません。脚を回転させれば、収納もコンパクト。

かおりさん

沸騰せず、適度に温まってちょうどいいの。テーブルに雰囲気が出ます。

直火でゆっくり保温できるのがいいですね。見た目も温かそう！

本多

TOOL 2 レードルホルダー

アラビアのレードルホルダーは、柄をしっかりと支える絶妙な形。機能はもちろん、見た目の美しさも魅力です。片口の持ち手つきなので、底にたまった汁を流すのにも便利。

ターセンさん

置き場所に困るお玉問題を解決！出していても見た目がかわいい。

愛らしいルックス！機能的で、いろんな用途に使えそう。

TOOL 3 包丁研ぎ

イギリスのプロダクトデザイナーによる包丁研ぎ。凹部に刃があり、包丁を前後に動かすだけで切れ味が戻ります。マーガレット・ハウエル　ハウスホールドグッズで購入。

家で手軽にできるのがいいんです。千切り気分のとき、シャシャッと。

しまい込むと研がなくなってしまうので、出しておけるのがいいです。

TOOL 4 出汁昆布

水に浸してひと晩置くだけで、出汁が取れる切り昆布。昆布の断面からうまみが染み出ますが、ヌルヌルとした粘りはありません。天満大阪昆布の「昆布革命　上方仕立て」。

湯を沸かして出汁を取る手間がいりません。お手軽なのに、味は本格的。

この手軽さなら、冷蔵庫にいつも出汁を常備しておけそう。

TOOL 5 ペーパータオル

アメリカの自動車工場などで見かけるタフなペーパータオル。厚めで吸収力があり、洗っても破れない丈夫さが自慢です。毛羽立ちも少なめ。スコットの「ショップタオル」。

毎朝の玄関掃除に愛用。雑巾1枚分しっかり働いて、使い捨てられます。

ブルーのペーパータオル、初めて見ました。目にうるさくなくて◎。

TOOL 6 ボトルクリーナー

デキャンタやグラスの残留物を取り除くため、ワイングラスメーカーが開発。ステンレスの玉と水を入れ、2分ほど振って汚れを落とします。使用後はざるに入れ洗って乾燥。

シャカシャカと振るだけで、ガラスの汚れや曇りがすっきり！

こんな便利なものがあるなんて！美しさが掃除欲をかき立てますね。

TOOL 7 トースター

パン屋ダンディゾンが開発協力したバルミューダのトースター。スチームと温度制御で、外がパリッ、中がふわっとしたトーストを実現します。デザインも秀逸。

『魔女の宅急便』に登場するパン窯に似せて、窓を小さくしたそうです。

左右対称の美しいデザイン。どんなパンでもおいしく焼けるなんて！

家事をルーティン化した家

森島良子さん

DATA
4人暮らし(夫36歳・フリーランス、妻37歳・会社員、長男9歳、二男6歳)。住まいは一戸建て(約100㎡、4LDK)。

リビングで遊んだおもちゃは、寝る前に子ども部屋に持ち帰るのが約束。朝はすっきりと片づいて床の汚れがよく見えるので、サッと掃除機をかけて出勤します。

「常備菜があれば、忙しい朝でもおいしい親子弁当がつくれます」

週末にまとめてつくった常備菜は、森島さんと長男の学童弁当に。乾物、根菜、彩り野菜……。パターン化しておけば、レシピや買いものを迷わずに済みます。

家事の効率化で時間がなくても快適に

次世代エネルギーの研究機関で研究支援員として働いている森島さん。限られた時間で家事を効率的にこなす秘訣は、家事のルーティン化にあります。

「掃除、料理、家電の手入れ……。いつ何をどうするかを決めて、スマホでスケジュール管理しています。あとは、その通りに進めるだけ。ラクですよ！」。同じことを繰り返し行なえば、いちいち考えなくても体が動く。だから家事が苦にならない、というのはなるほどなぁと納得。家事に慣れていなかったご主人に、「トイレに入ったら水を流して後始末するのと同じ」と指導？　したエピソードはおもしろく、わが夫にも使えそうです。

「家事のルーティン化は、同じやるなら、自分が満足できるレベルまでちゃんとやろうという気持ちから生まれたものです。この方法なら、家事時間がなかなか取れなくても家族が快適に暮らせる。私にとってはベストの策なのです」。

きれいを保つ掃除のルーティン

森島さんは、大掃除はしない派。使うたび、週1、月1とやることをリストアップし、ルーティン化して取り組みます。

使うたび

トースター・レンジの窓

トースターやレンジは、使用後すぐの温かいうちが掃除のしどき。濡らした台ふきんで、窓をキュキュッと拭きます。拭きやすい高さに置いているのも、続くコツ。

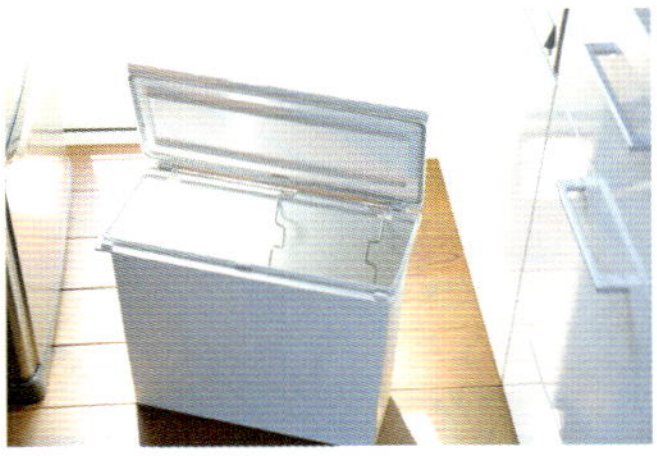

生ゴミペール

森島さんが暮らす町のゴミ収集は夜。週2回、生ゴミを出したあと、空になったゴミ箱の中をアルコールスプレー＋キッチンペーパーで拭き、朝までふたを開けっ放しに。

洗面ボウル

朝の洗顔で水から湯になる間に、ハンドソープを手に取ってこするだけ。直接手で触れると、ザラザラ感がわかるそう。あとは、使うたびにタオルで水滴をぬぐいます。

トイレ

使うたびにスプレー式の洗剤を使ってひと磨き。「4人家族だと4回に一度の割合。多くはないでしょ？」。洗剤は出しっ放しにできる「マーチソン・ヒューム」を。

【毎日のトトノエ】

外出前の小さな整頓は、森島さんのお母さまも行なっていたそう。

椅子を定位置に

「バタバタして出て行った感じが現われやすいのが、ダイニングの椅子です」。椅子をテーブルに引き寄せる。ただそれだけで、家にほどよい緊張感が生まれます。

ソファはピシッと

出かける前は、必ずソファのしわを伸ばします。ほんの数秒で帰宅後の「がっかり感」が解消。費用対効果は絶大です。

週1

階段の踏み板

「階段は逃げ場がないので、意外にほこりがたまりやすいんです」。濡らしたウエスで、四隅を中心にザザッと拭いて。足元がきれいだと、気持ちまで軽やかになります。

冷蔵庫の上

椅子に上がって拭くレンジフードと一緒に、冷蔵庫の上も掃除します。盲点になりやすい場所ですが、静電気が引き寄せたほこりで、ウエスが真っ黒になるそう。

冷蔵庫の庫内

食品は日曜にまとめ買いするため、朝には冷蔵庫が空っぽに。アルコールスプレーを片手に、庫内を拭き上げます。中のものはどけるだけ、という手軽さもコツ。

玄関のドア回り

砂ぼこりで汚れたインターフォンや扉を、ウエスで水拭きします。通り過ぎる場所ほど、掃除がおろそかになりがちなので、ルーティンに組み込むのが大事。

月1

衣装ケースの中

月1家事は定番と季節ものがあり、これは後者。9月末の春夏・秋冬服を入れ替えるときに、衣装ケースの中を拭いています。アルコールスプレー＋キッチンペーパーを使用。

空気清浄機のフィルター

毎月末に掃除するのが、空気清浄機やエアコン、掃除機のフィルター。空気清浄機は掃除機で吸い取るだけです。見えないところもきれいにすれば、気分爽快。

おいしいを支える料理のルーティン

料理は週末のまとめつくりで、平日を乗り切ります。「おかず貯金」は家族にも自分にもやさしい。

週末までに翌週の献立を考え、日曜に食材を買って一気につくります。とはいえ、3食すべてをまかなうのは難しいので、朝ご飯とお弁当、夕食の副菜用。そうすれば、時間のない平日でも家族にそれなりのものを提供できます。

常備菜5日分

メインはその日の気分次第

主菜に使う肉や魚は下処理を済ませ、冷凍保存。その日の気分や体調に合わせて、メニューを考えます。副菜があるおかげで、調理時間はわずか。負担が軽くて済みます。

パン3斤

夫婦の朝食はホームベーカリーでつくった食パンで週末に5日分を用意します。ツインバードのホームベーカリーをフル回転し、土日で1.5斤ずつ焼いて、カットして冷凍保存。朝は温めるだけに。

ヨーグルト1ℓ

こちらも夫婦2人5日分。ヨーグルトメーカーに乳酸菌(LG21)と牛乳を入れて発酵させるだけ。タニカ電器のものは、発酵温度を自由に設定できるため、好きな種菌でつくれてお気に入り。

朝食のコーヒー

夫婦が朝食で飲むコーヒーは、いつしかご主人の担当に。よし！今日も頑張ろう、と1日のスイッチが入る瞬間です。

私のラクは、夫のルーティンワークから

森島さんのご主人は、家事参加にも積極的。役割分担を決め、手分けして行ないます。

寝具の手入れ

子どもにアレルギーがあるので、子ども布団はしまう前に掃除機をかけています。ご主人が出し入れを面倒に思わないよう、掃除機は布団のすぐそばに。

ベッドメイク

2階の物干し場に洗濯ものを干しに上がったついでに、寝室のベッドメイクを行ないます。粘着テープでゴミを取り、しわを伸ばして整える。快適睡眠につながっています。

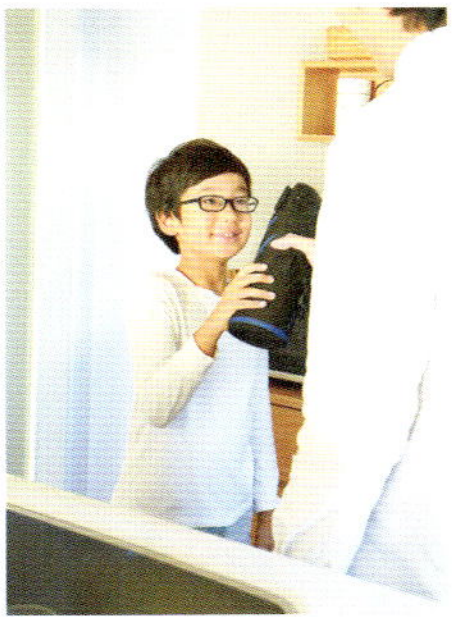

子どもの登校準備

学校に持って行くお茶をいれたり、朝食を準備して食べさせたり。子どもの世話を含めると、夫婦の家事分担は5対5。子どもに家事能力を身につける大切さを伝えます。

洗濯もの干し

朝、洗濯機を回すのは森島さん。洗濯が終わると、今度はご主人が洗濯ものを干します。この間に、森島さんはリビングの床を掃除機がけ。忙しい朝は、協力体制で臨みます。

朝の時間割

- 6:15 起床、部屋の換気、花瓶の水替え、(あれば)洗濯ものを畳む
- 6:30 洗濯、弁当・朝食のおかずづくり、起床
- 6:40 子どもを起こす、パン・ご飯・コーヒーの準備、登園・登校準備(水筒など)
- 6:50 朝食
- 7:20 長男の送り出し、朝食の後片づけ、子ども布団に掃除機がけ
- 7:30 寝室のベッドメイキング、洗濯ものを干す
- 7:40 コードレス掃除機でササッと床掃除
- 7:50 身支度
- 8:10 出勤、二男を送って行く

※グレー文字は夫

私にとっての家事

「毎日のリセット作業で、暮らしの土台づくり。パッと済ませて、家族や夫婦、自分の時間を大事にしたい」。

夫婦の役割分担がうまい家

野村光吾さん・千明さん

DATA
2人暮らし(夫32歳・会社員、妻33歳・会社員)。住まいは分譲マンションをリノベーション(約70㎡、1LDK)。

ステンレス製の業務用シンクがカッコいいキッチン。ものが集まりやすいカウンターは、下に収納スペースを設けて、片づくしくみに。炊飯器もここに収納。

「互いに得意を引き受ける。押しつけないからラクなんです」

緑が迫る気持ちのいいバルコニー。洗濯ものは、収納場所別に干し分け、取り込んで運びます。千明さんこだわりのバスタオルの干し方はＰ89で紹介。

好きなことをそれぞれで。手を出さないのがルール

最近マンションをリノベーションした野村さん夫妻。設計士のご主人自らがプランニングした住まいは、まさに「家事がしやすい家」で、一直線に配されたキッチンやクローゼットがとても使いやすそう！　家事については、「互いに得意なことをやる」のが暗黙のルールだそうで、料理上手な光吾さんが食事をつくり、きれい好きの千明さんが後片づけや洗濯を担当。

「好きなことがかぶらないから、それぞれが自分のペースで取り組んでいる感じかな。こだわるポイントはじゃまされたくないので、お互いノータッチで(笑)」。

かねてから「夫婦は得意なことと苦手なことが逆転しているほうが、補い合えてうまくいくのでは？」と思っていましたが、野村さん夫妻はまさにそんな関係のよう。お互いを尊重する気持ちが家事にも表れていて、理想の夫婦像です。

段取りを最優先したキッチン

1列配置と目の前収納。
時間がなくてもパッとつくれる
時短キッチンを考えました。

調理は一方通行で

←

←

←

調理の手順に沿って、冷蔵庫、シンク、作業台、コンロを１列に配置。食材を取り出す→洗う→切る→火にかける作業がスムーズに行なえます。「一気に出して、ザザッとつくる。行ったり来たりがないのでラクですよ」。

カッコいい
パスタケースを発見！

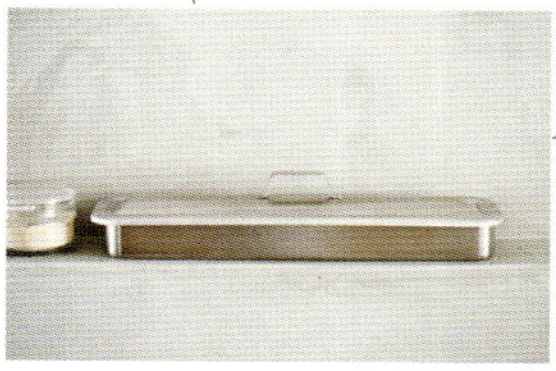

医療現場で使うふたつきのコットンケース。どっしりしたシルバー素材が、モルタルの壁によく似合っています。中にはパスタを収納。

スタメンはすぐ目の前

右）キッチンツールは、コンロ脇に出しっ放し収納。油が飛んでも、よく使う→洗う頻度が高いので、気にならないそう。逆に、出番の少ないざるは遠めに。
左）コンロの目の前に調味料を。戻しやすく、作業台がもの置きになりません。

食器や洗濯ものが元に戻りやすいしくみ

型にこだわらず、自分がラクな方法で。面倒な後始末は、次の使いやすさを考えて、ひたすらに原状回復を目指します。

乾きやすく積んで、拭かない

食器や鍋は基本、自然乾燥派。なので、ふきんもキッチンペーパーも持っていません。「その代わり、風通しよく食器を積む腕を日々磨いています！」。

湯が沸く間に片づける

夕食後に洗った食器は、翌朝、ポットのお湯が沸く時間を利用して戻します。食器棚を水切りかごの向かいに置いているので、一歩も動かず食器戻しが完了。

素材を選んで、アイロンをパスする

「しわがついても目立たないか、しわがつきづらいか。そのどっちかを探すんです」。それだけで、アイロンをかけなくて済むから、洋服選びはいつも真剣。

取り外しながら戻す・しまう

右、左）洗濯ものはバルコニーからハンガーごと収納場所まで運び、そこで取り外します。リビングで作業しないので、ソファに洗濯ものの山が……なんてことはなし。ハンガーは2つ用意し、クローゼットと洗面所へ。干すときに収納場所別に分けています。

収納は工夫次第

DIYはお手のものの野村さん。収納も自分流にカスタマイズし、使いやすく工夫しています。

引き出して使いやすく

手づくりのカウンター兼食器置き場。天板の裏にコの字レールを取りつけ、アルミのトレイを差し込んで、引き出しをつくりました。中には、千明さんの朝食に欠かせないふりかけを収納。朝食準備はカウンターで行なうため、出し入れがアッという間。

かごで分類

ざっくり入って見た目もかわいいかごは、優秀な収納用品。ワゴンに置いて、常温野菜、菓子、乾麺を分けて収納しています。お役御免になったら、転用できるのもいい。

吊るせば省スペース

ワゴンの枠にS字フックを引っ掛け、2軍の調理道具を収納。1フック1アイテム制にしているので、取るのに手間取りません。サイクリングバッグの中にはレジ袋を。

高さを克服

洗面台の下にコの字ラックを置いて、高さを2分割。上にはケア用品、下にはペット用品を置いています。2段式のストッカーは夫と妻で分け、それぞれで管理。

棚にファイルボックスを組み合わせた、脱衣所のリネン庫。高さをフル活用できるうえ、引き出して使えるので、奥をムダにしません。ここには、夫婦の下着と靴下、ハンカチを収納。

棚板、敷いちゃいました

洗濯機上の洗剤置き場。余ったガラスの棚板をボトルの下に敷き、液だれを防いでいます。キャビネットを拭くより、棚板を洗うほうがラクチン。

きれいに暮らす2人のルール

「心地いい」と感じる基準は人それぞれ。
一方が窮屈な思いをしないよう、ゆるやかなルールを設けました。

通勤バッグは決まった位置に

野村家は、玄関入って右がLDKで左が寝室。帰宅後は左手に進み、入口付近のかごに通勤バッグを戻します。このひと手間で、バッグのあちこち置きを解消。

くつろぐ場所には家具を置かない

食事を楽しむダイニングでは、ゆったりくつろぎたい、とあえて家具を置いていません。ものをしまう場所がないと、ものが集まってこないから不思議。

「ただいま」のあとにDM処理

不要なDMやチラシは、玄関からLDKに向かう途中のゴミ箱にポイ。家の奥まで持ち込まないことで、「そこらへん置き」を防いでいます。

ペットの汚れにはすぐ対処する

ペットシートやウェットティッシュを家じゅうに分散収納。すぐに取り出せるので、予期せぬ粗相にもパッと対応できます。写真は寝室のクローゼット。

私にとっての家事

「生きものの世話と洗濯。頑張ると続かないから、そうしなくてもできる方法を自然に選んでいるかな」。

僕にとっての家事

「料理担当。自分が好きな場所は、いつまでもそこにいたくなる。だから、空間づくりを大事にしたい」。

朝の時間割

- 7:00 起床
- 7:10 犬と遊ぶ
- 7:15 入浴
- 7:30 起床、犬と遊ぶ
- 7:40 身支度、朝食の準備、入浴
- 7:55 犬とインコのご飯準備
- 8:00 ゴミ出し
- 8:10 朝食(妻のみ)、メイク、身支度
- 8:30 出勤

※グレー文字は夫

食器はワゴンにのせて乾かし、ずるずると引っ張って食器棚の前へ。「とにかく行ったり来たりするのがイヤ。スイッチが入った瞬間に、一気に片づけたいんです」。

家事のしかけが満載の家

田中由美子さん

DATA
3人暮らし（夫40歳・会社員、妻38歳・ライフオーガナイザー、長男3歳）。住まいは分譲マンションをリノベーション（約100㎡、4LDK）。

「やりたくないので、気を紛らわせるしかけを用意しています」

シンクの壁に、タブレットを置くための棚を設置。映像を見ながら機械的に手を動かせば、食器洗いもすぐ終了。

朝のキッチン仕事はタイムレース方式で。タイマーをセットし、「10分でどこまで片づけられるか!?」と自分に挑戦。

目からウロコのアイデアで家事のやる気を引き出す

「家事、苦痛なんです！ みなさん、どうされているんですか?」と開口一番に田中さん。最近ライフオーガナイザーの資格を取り、活動を始めたばかりと言います。

とくに嫌いなのが、「1日に何度もやらなくちゃいけないからがっかり」という食器洗い。そこで、シンクの前にタブレットを置き、ドラマ鑑賞しながら食器洗いをすることを思いついたそう。「好きなものに意識を向けておいて、そのすきにやってしまえ！ という作戦です」。ほかにも、掃除はゲーム感覚で楽しみながらやっつけるなど、奇策がたくさん。

苦手な家事ほどやる気を出すのが難しい——。そのことを田中さんはよくわかっていて、だましだましチャチャッと済ませる方法を編み出し、自分を助けています。田中さんからは、「家事はどこまでも自由で自分次第！」という強いメッセージが感じられました。

掃除は「どこまで拭けるか!? 選手権」

ルーティンワークが苦手という田中さん。「自分に打ち勝つ達成感が癖になる！」と掃除はゲーム感覚で取り組んでいます。

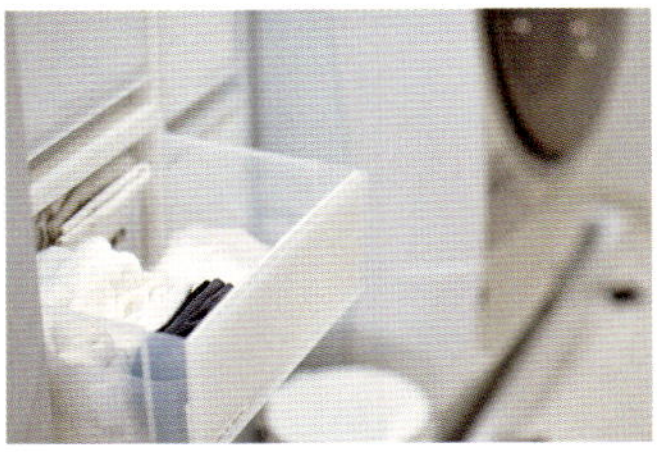

上）洗濯ものをバルコニーに運ぶとき、ウエスを１枚持っていきます。もの干し竿→手すり→室外機→掃き出し窓まで到達すれば、バルコニーの掃除は完全制覇。洗濯ものも気持ちよく干せます。左）ウエスの収納は洗濯機の横。そばに洗面台があるので、濡らすのもスムーズ。

ウエス１枚で

ウェットティッシュ一枚で

↓

←

↑

「使ったウェットティッシュはゴミ箱に捨てに行きますよね？　その途中にあるもの、全部拭いちゃいます」。テーブル→食器棚→ゴミ箱のふた→ペダルを拭いたら、ふたを開けて裏側もキュキュッ。ウェットティッシュを落として終了。

苦手なことは道具頼みに

食器も洗濯ものも、元に戻すのが面倒。だから、1回で済むよう、まとめて運べる道具を揃えました。

下げる食器はトレイで

どんなに少量でも、食器はトレイにまとめてシンクへ。同じ形状のものを重ね、パズルのようにぴっちりのせます。「1回で運べるかな?! 選手権ですよ」。

しまう食器はワゴンで

キッチンで欠かせないのが、キャスターつきのワゴン。食器を水切りかごからワゴンに移し、完全に乾いたらワゴンを食器棚の前に移動。食器を元の場所に戻します。

畳んだ洗濯ものはかごで

洗濯ものをクローゼットに戻すのは至難の業。部屋が遠い上に、室温差があるのです。「かごに入れて一気に運びます。しばらく放置しても『置きっ放し感』がありません」。

つくり置きで「週末ハ家事ヤスミマス」

苦手な料理はまとめてつくることで、心のアドバンテージになります。平日ちょっと頑張って、週末は「しない」宣言。

上）料理はいちいちつくらなくて済むよう、常備菜を用意。朝の弁当づくりをあわてずに済み、おかずが足りないときも「足しの一品」に使えます。週明けと週末前につくって、土日は開店休業に。右）スライサーで簡単につくれるキャロットラペは、田中さんの十八番。

夫が手伝いやすいしくみ

田中さんのご主人は、頼めばなんでもやってくれる人。
でもだからこそ、WIN-WINになれるよう気配りを。

頼むときはバーターがルール

「私アレやるから、あなたソレやって」。ご主人に何かを頼むときは、自分も引き受ける覚悟で。もちろん、アレは得意なことでソレは苦手なこと。計算づくです。

セット収納で朝食の準備はおまかせ

朝食づくりはご主人の担当。あちこち探さずに済むよう、必要なものはトレイにまとめています。左はコーヒー用スプーンと砂糖、右はバターと長男のジュース。

得意なコード収納はノータッチ

ご主人は細かいことが得意。AV機器のコードの処理は、自分では手を出さず、夫頼みに。ふだんから、「見た目すっきり」が落ち着くことをさりげなくアピール。

お出かけ前の掃除でやる気百倍

家族で出かけるのが大好きなご主人。「どこか行こう」と誘われたら「だったらみんなで掃除してかうね」と逆提案。すると、すごい勢いで掃除を進めてすっきり。

DM処理システムで散らかり防止

帰宅後まず立ち寄るクローゼットに、ゴミ箱とシュレッダー行きボックスを用意。DMやチラシは、宛名を手でちぎってボックスに入れ、ほかはゴミ箱にポイ。

レシートは写真を撮って家計簿アプリ「Dr.Wallet」へ送信。写し終えたらゴミ箱に捨てるので、財布はいつもスリムです。夫婦一緒に家計管理。

子ども・家事スペースの収納棚。子どもの手が届く下２段に、おもちゃをまとめています。ほかは、仕事の資料や家電の取説など。カーテンの奥には洗濯グッズを。

園グッズはひとまとめに

ボックスに翌日着る体操服や靴下をまとめ、朝の着替えは子どもまかせに。名札は脱いだ体操服を洗濯機に入れるときに、自分で外してボックスに。

リュックは引っ掛け収納

どこに置いても片づけなかったリュックは、フックに吊るすようにしたら、戻せるように。届きやすい高さなら、中身が入ったままでも引っ掛けられます。

おもちゃはバラつかないよう

ファスナー式のファイルケースに、ボードゲームなどを収納。立ててもパーツがバラつかず、本棚にすっきりと収まります。フルオープンで、子どもでもしまいやすい。

洗濯ものは「jumpでcatch」ゲーム

「ぴょんぴょん引っ張りゲーム、始めるよ！」のひと言で、子どもは洗濯ものに飛びついてかごへ。声を掛けるだけなら、手がふさがっていてもできます。

子どもをその気にさせる工夫

自分で自分のことができれば、お母さんは助かります。
そのためには、最初のしくみづくりが重要。

朝の時間割

- 6:50 起床
- 7:00 起床、弁当・朝食の準備、洗濯、植物の水やり
- 7:20 子どもを起こす
- 7:30 朝食
- 7:50 弁当をつめる
- 8:15 身支度(子ども、自分)
- 8:50 朝食の後片づけ、洗濯ものを干す
- 9:15 子どもの送り出し
- 9:30 (あれば)洗濯、部屋・風呂掃除

※グレー文字は夫

私にとっての家事

「規則正しい生活を送るための環境整備。できればしたくないので、『やった風』に見せるのが得意です」。

みんなの
暮らしの道具
その1

洗濯グッズ

道具の選び方ひとつで、洗濯の手間は軽減されます。ピンチ、ハンガー、かごetc. 洗濯グッズを見せてもらいました。

Tシャツの首が伸びない洗濯ハンガー

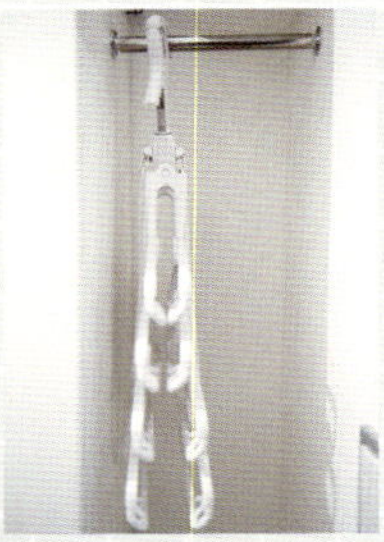

左）ハンガーのネック部分に窪みがあり、Tシャツの首が奥まですっぽり。引っ張らなくても入るので、首元が伸びません。右）折り畳み式で、収納もコンパクト。近所のホームセンターで購入。（野村光吾さん、千明さん）

インテリアにもなる室内干し

右）MARKS&WEBの室内干しは、バスマットなどをちょっと乾かしたいときにぴったり。ナチュラルで部屋の雰囲気を壊しません。（田中由美子さん）　左）ショップの什器として使う、アイアン製のハンガーラック。キャスターつきで移動しやすく、窓辺での布団干しに最適。（藍子さん）

広口で洗濯ものを見事にキャッチ

「角形ハンガーの下に置くのにちょうどいい大きさ。ピンチから落ちた洗濯ものを拾ってくれます」。幅広のワイヤーかごは、イケアの「アルゴート」。（本多さおり）

大容量なのにスリムです

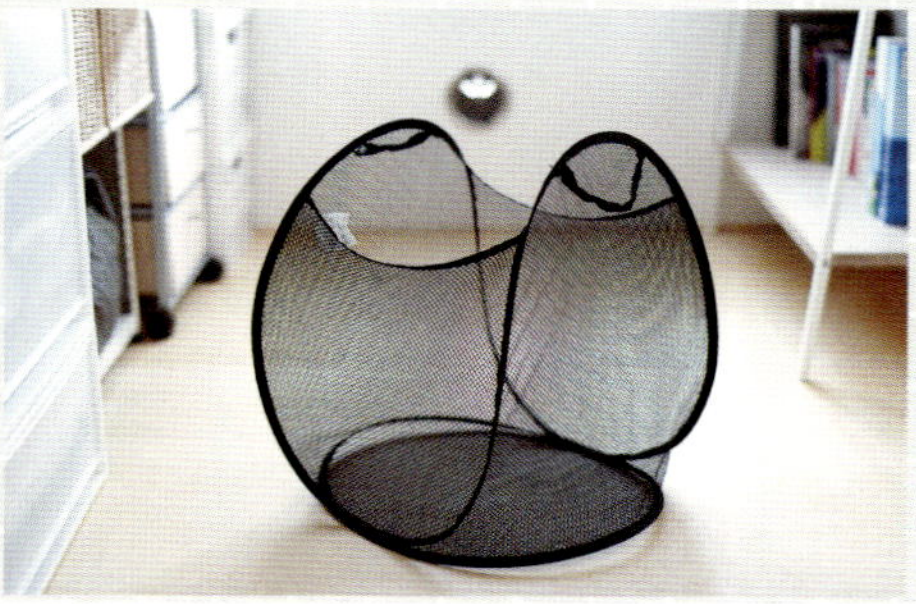

上、左）ユニークな形のランドリーバスケット。流線形には理由があり、縁にワイヤーが入っていて、ねじるように畳めばペタンと薄くなります。昔イケアで購入。（野村光吾さん、千明さん）

煮洗いや足湯に使える琺瑯たらい

ふきんの煮洗いに野田琺瑯のたらいを使用。「広げて洗える大きさが◎。棚に収納した姿もかわいくて、気に入っています」。冬場は足湯に使うことも。（森島良子さん）

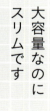

はさんだ跡がつかないピンチ

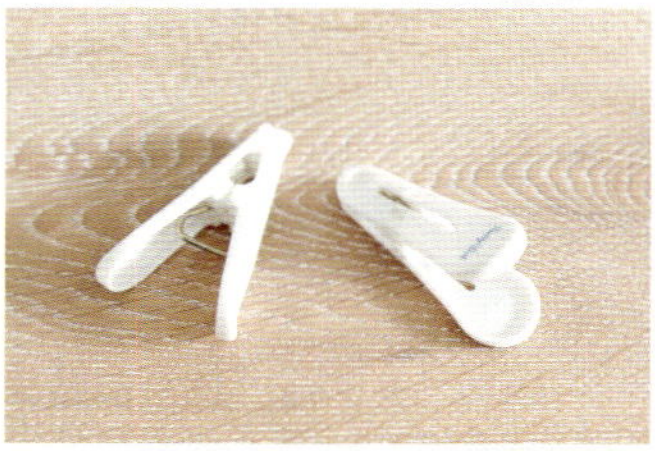

ブルーのロゴがかわいい洗濯ピンチは、フレディ・レック・ウォッシュサロンのもの。ピンチの跡がつきづらく、手にフィットして開閉がラク。(野村光吾さん、千明さん)

耐久性抜群の布団ばさみ

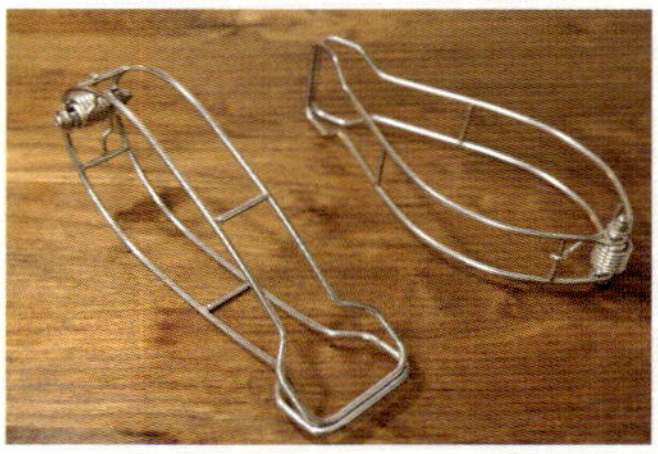

「ムダを削ぎ落としたシンプルなデザインが好き」。長時間日に当てても、ステンレス製で劣化せず、長く使えます。大木製作所のもの。(藍子さん)

ぴったり収まるサイズ感が自慢

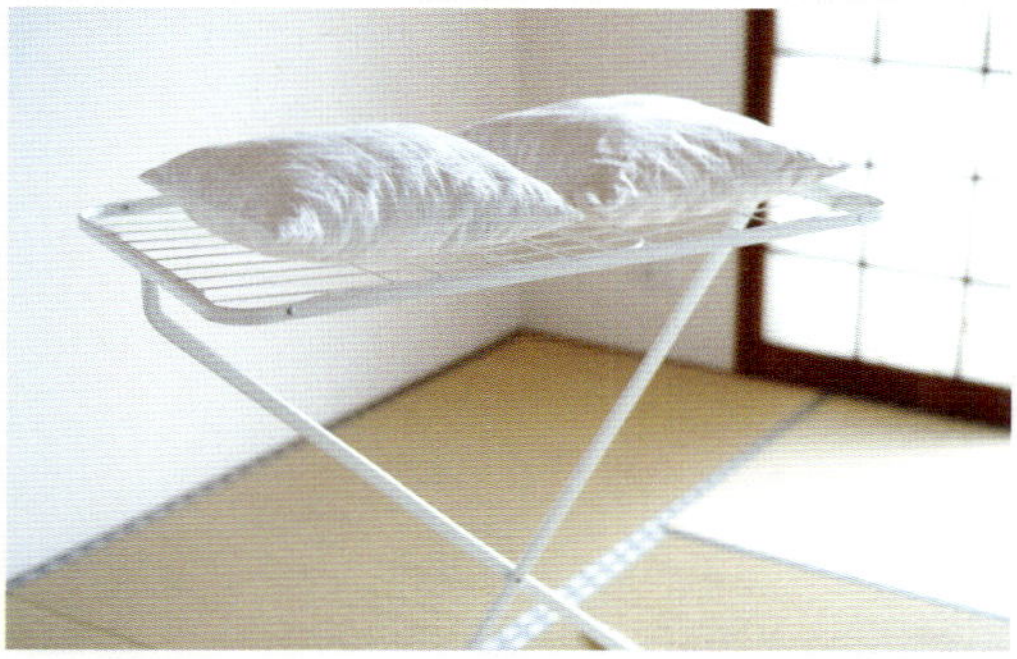

上、左)枕2個がちょうど置けるスタンドハンガー。左右についた羽を広げると、ワイヤーの幅に小さめのバスタオルがすっぽり収まります。イケアの「ムーリッグ」。(田中由美子さん)

番外編

暮らしのマストアイテムだから聞きたい! タオル、どこのを使ってる?

B

A

D

C

G

F

E

A)野村さんは夫婦で好みが分かれ、光吾さんはオーガニックコットンの「ヒポポタマス」、千明さんはガーゼ素材の「やさしいガーゼ」(丸山タオル)。(野村光吾さん、千明さん) B)乾きが早く、長く使えるリネンタオルを愛用。ネットオークションで、1000円で競り落としたもの。(藍子さん) C)ニトリのタオルを半年ごとに総入れ替えし、気持ちのいい肌触りを1年中キープ。(森島良子さん) D)色、質、値段のバランスのよさを重視し、タオル専門のネット通販トゥシェ本店で、定期的にまとめて購入。(田中あきさん) E)Hotmanの「1秒タオル」は「洗顔後、顔についた水滴をぐんぐん吸収してくれます」。(本多さおり) F)田中さんが使っているのは、タオル専門のネット通販トゥシェ本店のもので、「薄くてパリッと乾くのがお気に入り」。バスタオルは持たず、スポーツタオルサイズを採用。(田中由美子さん) G)コシがあってふわふわしすぎないSCOPEの「house towel VOL.1」と、耐久性のあるホテル仕様の白を用途別に使い分け。(永野美弥子さん)

家事のシンプル化が進む家

田中あきさん

DATA
3人暮らし（夫39歳・自営業、妻37歳・会社員、長男3歳）。住まいは分譲マンション（約50㎡、1LDK）。

狭さを感じさせないすっきりとした空間。子どものおもちゃなどは、左手のデスク兼収納にしまっています。床掃除は掃除ロボットにおまかせ。

「手抜きではなく手放す。完璧主義でもラクできる方法を見つけました」

ドレッシングはつくらず、ちょっとよい塩とオリーブオイルをかけていただく。手をかけずおいしくなる方法を知っておけば、料理が苦になりません。

家事に優先順位をつけ、「やらない」と決める

田中さんの家事時間はなんと2時間！フルタイム勤務で時間が限られているためですが、すっきりと片づいた部屋からは、とても想像できませんでした。「これに3分かかるとしたら1日のトータルは1時間になる、というふうに、常に頭の中で時間を見積もっているんです」。

時間を有効に使うため、ながら家事を行なったり、すき間時間を活用したり。便利な道具やアウトソーシングも積極的に取り入れているそう。また「やらない」という選択もそのひとつ。「料理や収納など、家族の健康を守ったり、快適な空間をつくるのは自分にしかできないので、優先的に行なっています。一方で、アイロンがけや食器洗いは外注や機械に任せたほうがきれい。だからほとんどしません」。

完璧主義でつい頑張ってしまうからこそ、大事なことをあきらめないためにも、手放す。終始一貫した家事との向き合い方は、見習いたいなぁと思いました。

自分でやらずに済むものは、手放す

家事は「自分にしかやれないこと」を優先。ツールやサービスで補えるものは、思い切って手放します。

行かない

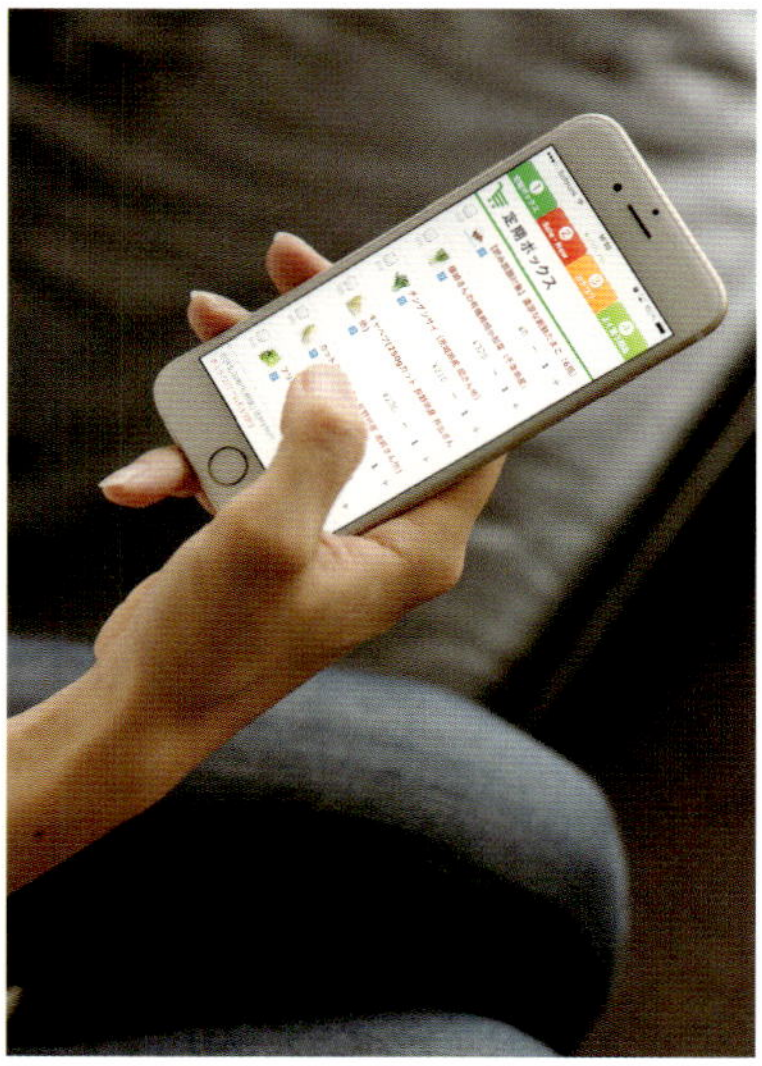

買いものは、おもにネットスーパーを活用。1週間の献立を決め、週1回のペースで注文しています。行く手間、選ぶ手間を手放して、時間を節約。足りないものだけ、買いに行きます。

機械にまかせる

「自分で洗うよりもきれいで清潔」と食洗機を多用。少量でも回し、シンクに汚れものをためません。食器は磁器を中心に揃え、箸も食洗機対応に。この徹底ぶりが、家事のパフォーマンスを上げる秘訣です。

測らない

1日何度も回す食洗機の洗剤は、タブレット型を選択。いちいちスプーンで測って量を加減する必要がなく、ただ放り込むだけなので手軽です。こぼす、手が汚れるといった余計な面倒もなし。

畳まない

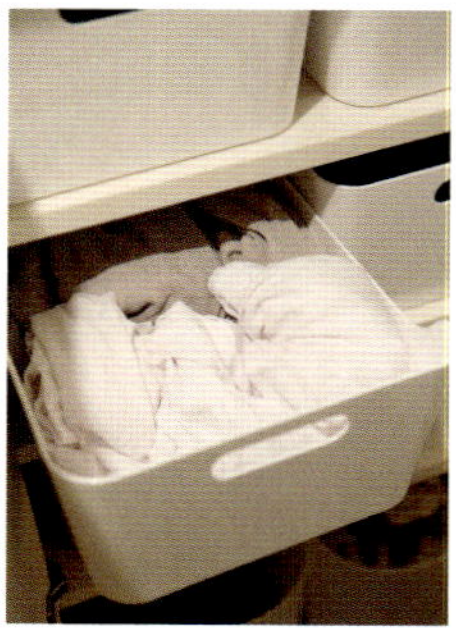

しわになりづらい化繊のインナーは、畳まずボックスに放り込みます。畳み待ち、しまい待ちを出さずにすんで、洗面所がすっきり。この方法を採用してから、ご主人は自分で洗濯→収納するようになったそう。

面倒を増やさない

寝室は寝る場所、と割り切り、置くのはベッドだけに。読書などはリビングで済ませ、携帯だけを持ってベッドに入ります。サイドテーブルや照明がないだけで、掃除がぐんとラクに。

出しっ放す

お風呂の掃除道具はタオル掛けに吊るし、入浴後の掃除を習慣化しています。白で揃えれば見た目がすっきりし、それが掃除道具とはわかりません。乾きの早いボディタオルをスポンジ代わりに。

移し替えない

すり鉢に張りついたごまは、移し替えるのが面倒なもの。「珍しい白のすり鉢は佇まいがよく、小鉢代わりに使えます」。ごまを当たったすり鉢にゆでた野菜を入れ、サッと和えて食卓へ。

ものを厳選し、管理を手放す

収納、手入れ、在庫管理……。
ものが少ないとすべての手間を減らせます。
田中さんの、もの選びの秘訣をご紹介。

住宅洗剤は3種類

酸性の汚れにはセスキ、アルカリ性の汚れにはクエン酸、カビや黄ばみには酸素系漂白剤。場所別に揃えなくていいのでラクチンです。スプレーは薄め液。

ラップは1サイズ

「30cmのラップが減らないのでやめたら、何も困りませんでした」。よく見ると食器の多くは20cm程度。どっちが最適？　と頭を悩ませる必要もなし。

アクセサリーは身につけるだけ

アクセサリーは、ご主人からのプレゼントや自分へのご褒美など、大切なものばかり。身につけるか目の届くところに置くので、収納場所はいりません。

靴は6足

仕事着は黒とベージュがメイン。それに合わせて、ヒールは黒2、紺、ピンクベージュの4足を用意。バレエシューズとスニーカーは休日の外出や公園用。

子ども服は6セットを目安に

子ども服も必要枚数を算定。1日に3枚必要で、2日に一度洗濯するため、上下6セットを目安に。持つ理由が明確だとそれ以上買わなくなります。

おもちゃは6箱

棚3段に収まるだけ持ち、買ったら入れ替えるようにしています。大きなおもちゃはクローゼットに。ラベルは写真データからつくったシールプリント。

すき間家事で、手間暇を手放す

作業の合間の小さな時間を見逃さず、家事を一歩先に進めれば、「わざわざ」や「あとでまた」がなくなります。

朝食準備の合間に夕食の調理

朝キッチンに立ったら、すき間時間を利用して、前日の夜に準備した夕食のおかずを調理します。保存容器に入れて冷蔵し、帰宅後は温めるだけに。

身支度の合間に登園準備

カーラーを巻いたり、マスカラを乾かしたり。ちょっとした時間待ちに、洗面所でできることをこなします。浴室干しの洗濯ものを畳んで片づけ、子どもの着替えを保育園バッグにセット。浴室・洗面所・クローゼットが接近していると、家事は片づきます。

粗熱を取る合間にコンロ掃除

ゆで上げた野菜を冷ます間に、コンロをサッとひと拭き。目立った汚れがなくても、習慣にすればひどく汚れることがなく、大掃除の必要がありません。

朝の時間割

- 5:00 起床、部屋の片づけ
- 5:10 身支度、浴室干しの洗濯ものを取り込む、登園準備
- 5:50 夕食の下ごしらえ、朝食の準備、キッチンの拭き掃除、調理用品を食洗機にセット
- 7:00 子どもを起こす、起床、朝食
- 7:30 出勤、食器を食洗機にセット、身支度(子ども)
- 8:00 子どもを送っていく

※グレー文字は夫

私にとっての家事

「考え方は仕事に近いのかもしれません。自分にしかできない付加価値が高いものは、優先順位も高いので」。

ものも
汚れも
ためない家

藍子さん

DATA
3人暮らし(本人33歳・育休中、長男10歳、長女2カ月)、住まいは集合住宅(約60㎡、3DK)。

ダイニングの中心は、ウォールナットの無垢材でつくられたテーブル。「家の中にある家具は全部好き。大事に扱おうとする気持ちが、毎日の掃除を支えます」。

「ものを減らしたら、掃除嫌いの私でも掃除がしたくなる家になりました」

「大きいほうがいいよ」と人に言われて買った46型のテレビは、掃除が大変だっただけ。「テレビをあまり見ないわが家は小型のポータブルテレビで十分。箱にしまえば掃除の必要もなし」。

もののない暮らしは家事のやり方もシンプル

藍子さんは2人のお子さんを持つお母さん。若くして子どもを授かったため、しばらくは1DKのアパート暮らしだったそう。当時家にはカラーボックスに座卓、小さなテレビ台と家電棚しかなく、それでも不都合はなかったので、少ないものでの暮らしが自然に身についたのだと言います。

その後、ゆるりまいさんのブログに出会い、「これは掃除がしやすそう！」とミニマム化が加速。おじゃました住まいは自由に使える空間が広く、何をするにもすぐに取りかかれそうな雰囲気が漂っていました。

また、幼少期に培ったものや資源を大事にする姿勢が、家事全般に活かされていて、やり方にムダがなくとてもシンプル。「私がそうしたいから。気持ちいいから！」と気張らず自然体で家事をこなす藍子さん。思わず、エールを送りたくなります。

掃除がラクになる5つの先手

掃除嫌いだからこそ思いついた「できるだけしないため」のちょっとした先回り。

汚さない

手洗いは洗面所1箇所

トイレで手を洗うと、水ハネでタオル周辺の壁や床がベショベショに。「ここで洗わず、洗いやすい洗面所に一本化しようと考えました」。タオルを交換する手間もカット。

コードのほこりは箱でガード

子ども部屋のベッドサイドに設けた充電ステーション。配線ケーブルや機器類はほこりがたまりやすいので、ワイン箱ですっぽり覆ってしまいました。効果てきめんで、掃除の回数が減少。ごちゃごちゃの目隠しにも。

ためない

保存容器は汚れに気づきやすい色を

保存容器は白か透明、と決めています。「汚れを素早くキャッチすれば、ラクな方法できれいにでき、清潔を保てます」。ちなみに、タオルもふきんも白。

排水溝のゴミ受けは浅型

元々あった深型から浅型にチェンジ。洗い替えと2つ持ち、毎日食洗機で洗うようになったら、あのヌメヌメがなくなったそう。ふたと排水溝ネットを断捨離。

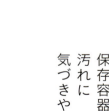

散らかさない

すぐしまえる位置に避難場所

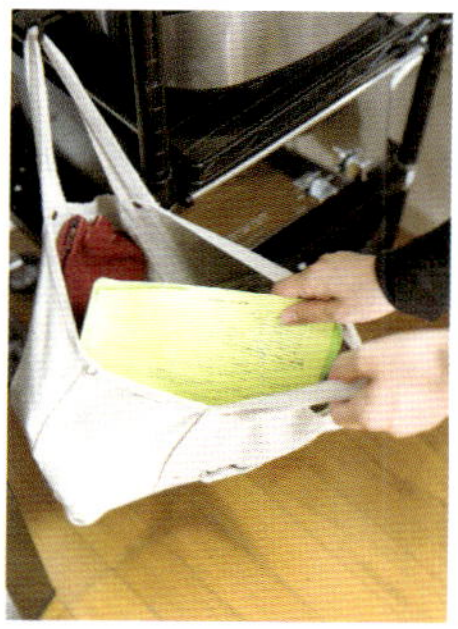

ダイニングテーブルから一番近い家電棚に鞄を吊るし、収納場所をつくりました。ペンケースや生協の注文表などを入れ、テーブル上の置きっ放しを防止。

とりあえずかごを常備する

上）ものが少ない藍子さん宅ですが、かごだけは別。たくさん持って便利に使っています。散らかったおもちゃを片づけたり、取り込んだ洗濯ものを入れたり。下）押し入れには出番待ちのかごが。

拭きやすい

ボールチェーンは取り外す

洗面台掃除のじゃまもの、ボールチェーン。栓をするのはたまの手洗いくらいなので、取り外して洗面台の下に収納しています。使うたびに出し入れ。

出しがちなものもしまう

「便利さを求めるとキリがないですよ」と藍子さん。キッチン家電は出しっ放しが使いやすいですが、掃除が大変。ポットは、出し入れしやすいシンク下に。

飾りは最小限

玄関だけ飾る

掃除と飾りは矛盾する関係。あるときポストカードを飾ったら、新鮮な雰囲気に。家が好きという気持ちを掃除のモチベーションにつなげます。

ゴミのスリム化でものを減らす

暮らしていくうえで、ゴミはつきものです。
エコな発想で、ゴミ問題を解決する方法は？

使い捨てず 再利用する

お尻拭きは布製

布ナプキンの快適さを知ってから、長女のお尻拭きとオムツは布製に。古くなったオーガニックコットンのカットソーをカットし、ミシンがけするだけです。肌触りが抜群。

食品ラップを活用

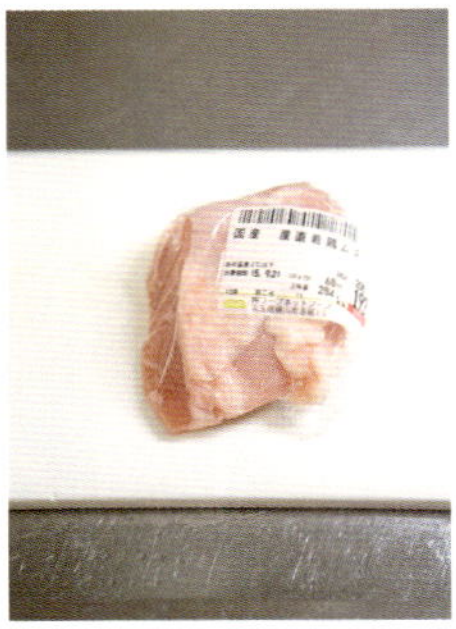

包装用のラップはきれいにはがし、1回に限って再利用します。余った肉を包めば、保存した日付などのメモ書きが不要。ゴミと手間が省ける一石二鳥のアイデアはさすが！

ティッシュは使わない

ちょっと口元をぬぐうのにティッシュは使いません。手に取るのはキッチンのふきん。洗濯すればきれいになり、ゴミもセーブ。ティッシュの年間消費量は2箱。

すっきり冷蔵庫で 食品廃棄率ゼロ

何を食べればよいか、が一目瞭然。死角がなく、保存容器も可視化しているので、食べ残しがありません。まとめ買いをしないのも、理由のひとつ。

手づくりおやつで 包装不要

フルーツを寒天で固めたり、生地に混ぜて焼いたり。中身がわかる安心感から、お菓子は手づくり派。市販のお菓子で大量に出る袋や箱がゼロで済みます。

DMは家の中に 持ち込まない

靴箱の中に紙袋をセットし、不要なDMやチラシをポイポイ放り込みます。玄関で処理することで、部屋に持ち込まずすっきり。ゴミ出しもラクチン。

ものの循環で持つ量を少なく

「本当のもったいないは使わないこと」と藍子さん。ものは人の間を行き来するうちに、だんだん減っていくから不思議です。

もらう

バウンサー

買えば２万円ほどするバウンサーは、友人から譲り受けました。「買う・買わない」の当落上にあるものは、もらうと意外にうれしいもの。

子ども服 70～80サイズ

循環させやすいもののひとつがベビー服。短期間しか身につけないため、コンディションがよいのです。温かなフリースのカバーオールは、長女が初めて迎える冬に最適。

片手鍋

会社の先輩からいただいたもの。オールステンレスで煮る、蒸す、焼くの３役がこなせます。佇まいも秀逸。道具は一生ものを選び、手入れして長く使います。

あげる

子ども服 50サイズ

「小さいから」と長女が先月まで着ていたロンパースを友人へ。その回転率の早さには驚かされます。家に不用品を長くとどめることはしません。

朝の時間割

6:00 起床、身支度、朝食の準備

7:00 起床、朝食

7:30 身支度、ゴミ出し

7:55 長男の送り出し、朝食の後片づけ、洗濯、植物の水やり、部屋の片づけ、掃除

10:00 長女とお出かけ

※グレー文字は長男

私にとっての家事

「子どもが育つ環境づくり。すっきりした部屋も手づくりのおやつも子どもが喜ぶから。すると私もうれしい」。

片づけで暮らしが整う家

永野美弥子さん

DATA
3人暮らし(夫41歳・会社員、妻40歳・主婦、長男8歳)。住まいは一戸建て(約120㎡、4LDK)。

すっきりと片づいたLDK。「平面すっきり理論」に基づいて、ダイニングテーブルとシンクトップに、ものは置きません。

「テーブルとシンクトップ。疲れていてもすっきりの生命線は死守します」

ダイニングからの眺め。オープンキッチンなので、シンクトップにはものを置かない習慣に。出していいのは自然素材だけ。

こまめに片づけて家事の「血行不良」を予防

おじゃました永野さんのお宅は、採光がたっぷりで、清々しい印象。シンクやテーブルはすっきりと片づき、家の隅々まで掃除が行き届いていました。

家の設計段階で収納を細かく注文されたようですが、どこもものがギチギチに詰まっておらず、出し入れしやすそう。「片づけは趣味の域」と言いながらも、「収納用品ありき」ではなく、用途に合ったセレクトがされて、やりすぎた感じがありませんでした。

そして、片づけの習慣。食事前や外出前、就寝前などタイミングを上手に見つけて、ちょこちょこ片づけています。

「時間がなくても、片づけだけは済ませて出かけるようにしています。帰ってきたときに散らかっていたら、片づけから始めなくてはならないし、マイナスからのスタートはエネルギーがいる。片づけさえしておけば、次の家事が気持ちよく始められ、スムーズに流れていきます」。

DINING

収納の工夫ですっきりをつくる

使うそばにしまって、詰め込みすぎない。ものが停滞せず、扉に収まっていくのは、収納の基本を押さえているから。

テーブルの上はそのつど片づける

玄関からLDKに進むと、まず目に入るのがダイニングテーブル。「ここにものがないだけで、すっきりします」。ひとつの作業が終わるたびに、ものを撤収。

学用品は子どもにわかりやすく

毎朝欠かさないドリル学習。ドリルや文房具は、テーブルそばのチェストに収納し、出し入れしやすくしています。探しやすいよう、ゆったりと置いて。

すぐそばによく使う文房具の指定席

文房具、手帳、健康グッズ……。テーブルで使うものは、背面のキッチンカウンターに。ものに合った収納用品の選び方から、収納上手であることがわかります。

プリントをしまいたくなる100点ボックス

テーブルに置きっ放しのプリントは、100点専用引き出しをつくることで解決。「数が増えるのがうれしくて、率先してしまっています」。勉強のモチベーションにも。

KITCHEN

調味料や調理道具は中にしまう

調理道具や調味料はキャビネットに収納。悩んだ末に、出し入れの手間よりもすっきりを優先させました。「障害物を置かない」というのは、掃除をしやすくする有効手段。

シンクに洗いものを残さない

外出前の時間がないときは、背面カウンターにクロスを敷いて食器をふせておきます。「ここまでしておけば、帰宅後は戻すだけ」。シンクはゼロにリセット。

ゴミはシンクからゴミ袋に直行

食品トレイやビニール袋などは、洗ったあとちょっと乾かすつもりがずっと置きっ放しに。永野さんはそれを嫌って、水けをサッと切ってすぐさまゴミ袋に移します。

乾かす場所を用意しておく

乾きが鈍く、すぐには片づかない水筒や急須。そこで、見栄えのよいかごを用意し、その中へ。生活感が抑えられ、見た目にすっきりします。

すっきりを進化させる掃除のルール

片づけだけでは、すっきりは長続きしません。
ものの始末や汚れの解消で、それは手に入ります。

RULE 1 ついでに済ませる

タオルを替えるついで

トイレのタオルは、交換時に手洗いボウルをひと拭き。水滴をぬぐい取るだけで、水垢がつきづらくなります。毎日拭けば、洗剤を使うこともなし。

子どもを見送るついで

たたき、郵便ポスト、ドアノブ、インターフォン。子どもを送り出すとき、玄関周りをひと通り掃除します。掃除の時機を逃しやすい場所こそ、「ついで」が効果的。「1日のスタートを気持ちよく切ることができます」。

RULE 2 すぐかかれる

ボディソープで浴槽掃除

なんと、ボディソープを浴槽洗いに利用。洗剤を取りに行く手間がいらず、すぐ掃除が始められます。体の汚れを落とすものなら、案外理にかなっているのかも？

宛名は手でちぎって処分

DMは宛名をスタンプなどで処分しようとすると、「あとで」となってたまりがち。「届いたら手で宛名だけちぎってゴミ受けにポイ。水ににじんで読み取れません」。

RULE 3 子どもに自分の始末を

後始末までがお勉強

勉強で出た消しゴムのかすは、ブラシとちりとりで掃き取るのがルール。やりっ放しを許さず、後片づけもセットで行なうことで、片づけを習慣化します。

席を立つときは食器も一緒

「ごちそうさま」のあとは、食べ終わった食器を手に持ってシンクへ。「遊ぶのはそのあと」と言い聞かせ、自分の後始末は自分でさせます。テーブルをリセット。

家事をラクにする暮らしの道具

使うことでうれしい気分になる——。
永野さんのもの選びは、マンネリ化しがちな家事を助けてくれます。

引っ掛けやすい
「ほうき」

絡みづらい
「麻ひも」

フィットする
「鍋つかみ」

右)フェルト作家・宮崎桃子さんの鍋つかみは、フィット感が抜群。着脱もしやすく、つけ外しの面倒がなし。中)枝を支柱に固定する誘引ひも。ふたの穴から引き出して使うため、絡みません。雑誌や新聞の梱包にも。NUTSCENE「缶入りジュートツイン(150m)」。左)ステッキのような持ち手のほうきは、引っ掛けられて穂先が変形しないのがうれしい。置き場所にも困らず、手軽に使えます。白木屋傳兵衛の掃印「掛け無精ほうき」と「ひもはりみ」。

安眠できる
「ガーゼカバー」

しまえて遊べる
「巨大レゴブロック」

吸収率抜群の
「ソープディッシュ」

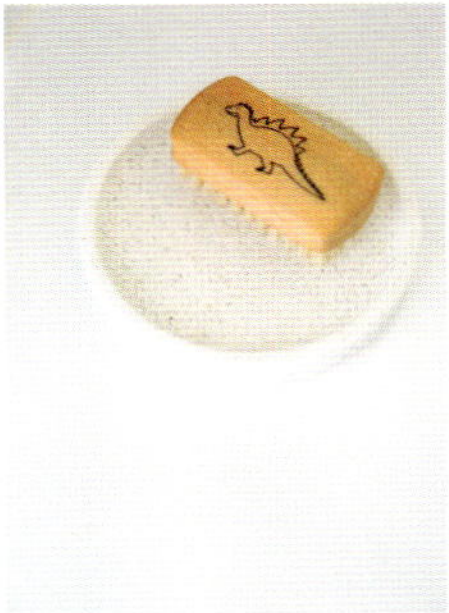

右)珪藻土でつくられたソープディッシュ。吸水性にすぐれ、乾きがよく清潔を保てるそう。裏返して爪ブラシ置きに利用。Soil「ソープディッシュ　フォーバス」。中)レゴの形をした収納ボックスで、積み重ねて遊ぶことができます。レゴの中にレゴをしまう。それだけで子どもは大喜び。レゴ「レゴ　ストレージブリック」。左)ピュアコットンのシーツは「湿度や温度を絶妙に調節してくれ、夏はさらさら冬はあったか。1年中手放せません」。無添加ガーゼケット寝具工房松並木本店で購入。

朝の時間割

5:00
起床、麦茶を沸かす、
食洗機の食器を食器棚にしまう、
洗濯乾燥機の洗濯ものを畳んでしまう、
新聞やニュースを見る

6:00
子どもを起こす、身支度(子ども)、
朝食の準備、朝食、身支度、
犬のエサやり・口周りの手入れ

7:20
子どもの送り出し、
昨日履いた靴をしまう、
玄関掃除、(たまに)庭の水やり、
ゴミ出し、朝食の後片づけ

8:00
部屋の片づけ、掃除

私にとっての家事

「家事は趣味。やらないといけないなら、楽しんでやりたい。だから、道具選びにはこだわります」。

みんなの
暮らしの道具
その❷
ゴミ箱

美観と機能のバランスが悩ましいゴミ箱。場所によっても、選び方は変わってきます。みんなのゴミ箱をご紹介。

手を使わないペダル式

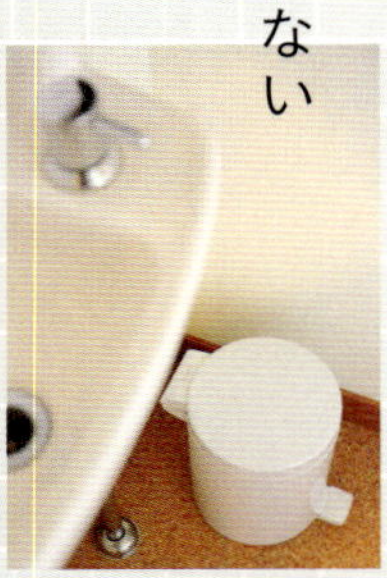

右)小さなゴミ箱は、かがまずにふたを開閉できてラク。密閉性の高いブラバンシアを犬のトイレシーツ用に。(永野美弥子さん)　左)大容量のゴミ箱はシンプルヒューマン。「掃除機やシュレッダーのゴミ処理など、手がふさがっているときに助かります」。(本多さおり)

ランドリーバッグや新聞ストッカーで代用

上)スリムなランドリーバッグを3つ並べて、ゴミを分別。「柔らかい素材で広がるので、容量以上に入ります」。(野村光吾さん、千明さん)　下)新聞ストッカーをゴミ箱に利用。レジ袋でスペースを分け、可燃ゴミとプラゴミ入れに。(藍子さん)

部屋の雰囲気、壊しません

右)くるみの木で見つけたブリキのバケツをゴミ箱代わりに。ゴミ捨てのアクセスを考え、リビングの中心に置いています。(田中由美子さん)　左)天然素材を編んだプリミティブなかご。やさしい雰囲気で、部屋にしっくりなじみます。(野村光吾さん、千明さん)

すき間における スリム型

右)無印良品のゴミ箱を冷蔵庫と家電棚のすき間に配置。「幅約21cmで、紙袋をひとつ置く感覚」。(森島良子さん)　左)洗面所のデッドスペースにぴったり収まる、奥行き27cmのゴミ箱(ライクイットの「オルア」)。「袋止めが持ち上がるので、ゴミ袋がセットしやすいんです」。(永野美弥子さん)

ゴミ入れも捨てられます

キッチンのゴミ箱は持たず、レジ袋を使えば丸ごと処分できて衛生的。こまめにマンションのゴミ集積所に運んでいます。生ゴミはディスポーザーに。(田中あきさん)

PART 2

「クローゼット・靴箱」の快適収納

悩みの多い服や靴の収納は、自分なりのゆるやかなルールが必要。みんなのクローゼットと靴箱をご紹介します。

→CLOSE←

Closet
クローゼット

押し入れ収納は、しまう前のものの仕分けから始まります（本多さおり）

わが家の収納を支える一間半の押入れ。ここは毎日使う布団や衣類を収納しているので、ものとスペースのマッチングにこだわりました。まずものを使用頻度で分に、頻度の高いものは手前や左側、頻度の低いものは奥や右側に。最後に収納用品をセットし、使える押し入れに変身。

スタメンは全部吊るして選びやすく

押し入れの最前列は季節の着回し12着の指定席。トップスもボトムスも吊るし、選ぶのを簡単にしています。後列には2軍が控えているため、入れ替えもスピーディー。

引き出しは仕切れば一緒くたにならない

押し入れに便利な衣装ケースですが、開け閉めのたびに中身が動いてごちゃごちゃに。そうならないよう、不織布のケースで仕切りました。写真はロンTとTシャツ。

デッドスペースにバッグ置き場

意外に場所を取るバッグの収納は、押し入れのすき間を活用。前後の框に突っ張り棒を渡し、S字フックを引っ掛けるだけ。くったりせず、型崩れを防げます。

靴下はちょっと開ければ取れる位置に

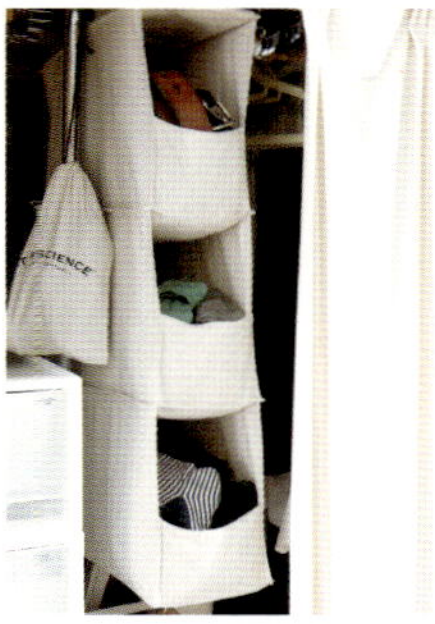

毎日履く靴下は、出し入れが頻繁なアイテム。そこで、取り出すのも、元に戻すのもラクな場所に。カーテンの端に当たる位置なら、開け閉めの手間が最小限で済みます。

「なんだっけ?」を防ぐ1箱1ジャンル収納

使用頻度の低いものほど、中身を忘れがち。そこで、天袋に収納するものは、1箱に1ジャンルと決め、しまうのを欲張らないように。手前が帽子で、奥がスポーツウェア。

ホルダーとフックで出し入れをシンプルに

左）畳むのが面倒なストールは、専用のホルダーに引っ掛けるだけに。これなら、帰宅後すぐに元の位置に戻せます。右）絡みやすいネックレスも、ひとつずつ引っ掛けて。透明のフックは見た目もすっきり。

上)家の7割のものが収まった押し入れ。下)ものを取り出し、骨組みだけにしてみました。現われたのは、衣装ケース9、カラーボックス2、すのこ3、スタンドハンガー1、スライドハンガー1、突っ張り棒4、ホルダー1。

狭い収納では服選びも重要です。コーデがラクになる服の持ち方

服は多いほど組み合わせに困るもの。ほどほどに持てば、コーデも収納も悩まずに済みます。

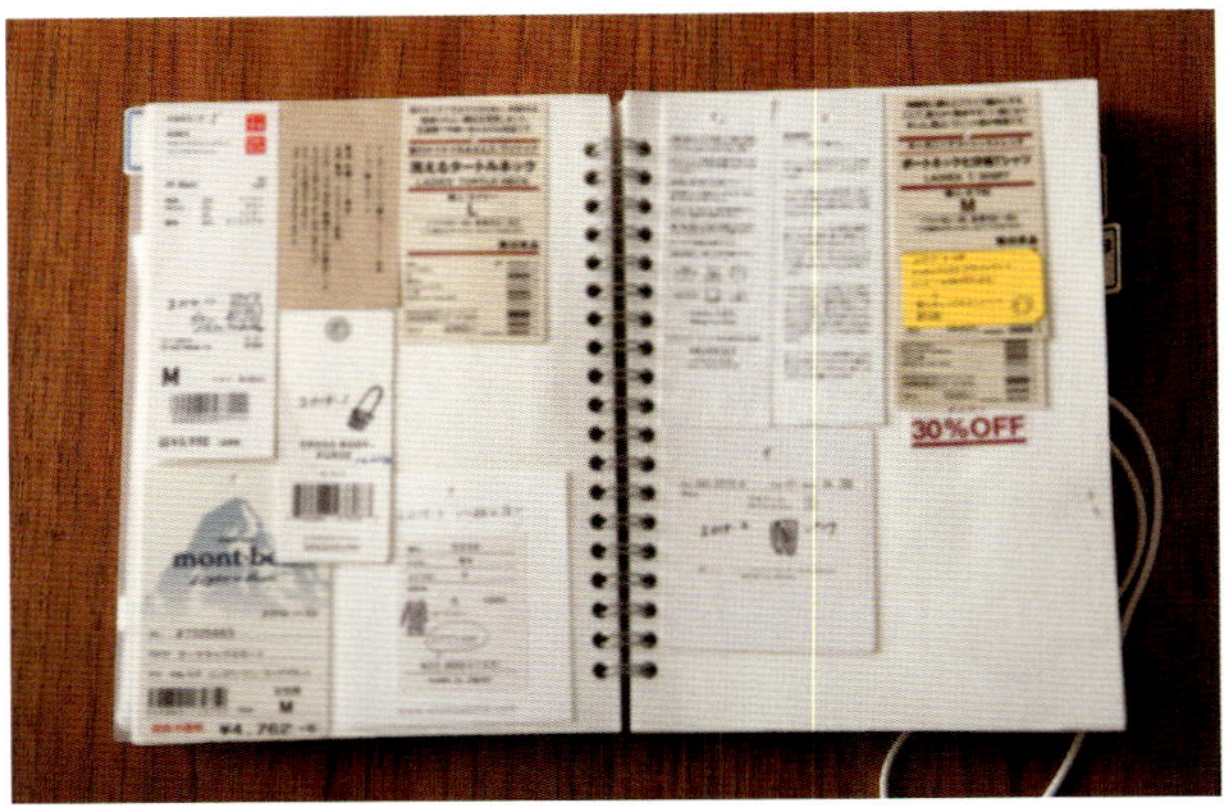

洋服やアクセサリーは1冊のノートで管理すれば、クローゼットの整理がラク。タグやレシートをはがせるのりで貼り、服を処分するときに一緒にはがします。時期や金額もわかるので、買いものの失敗を防ぐヒントにも。

季節服と通年服を交ぜる

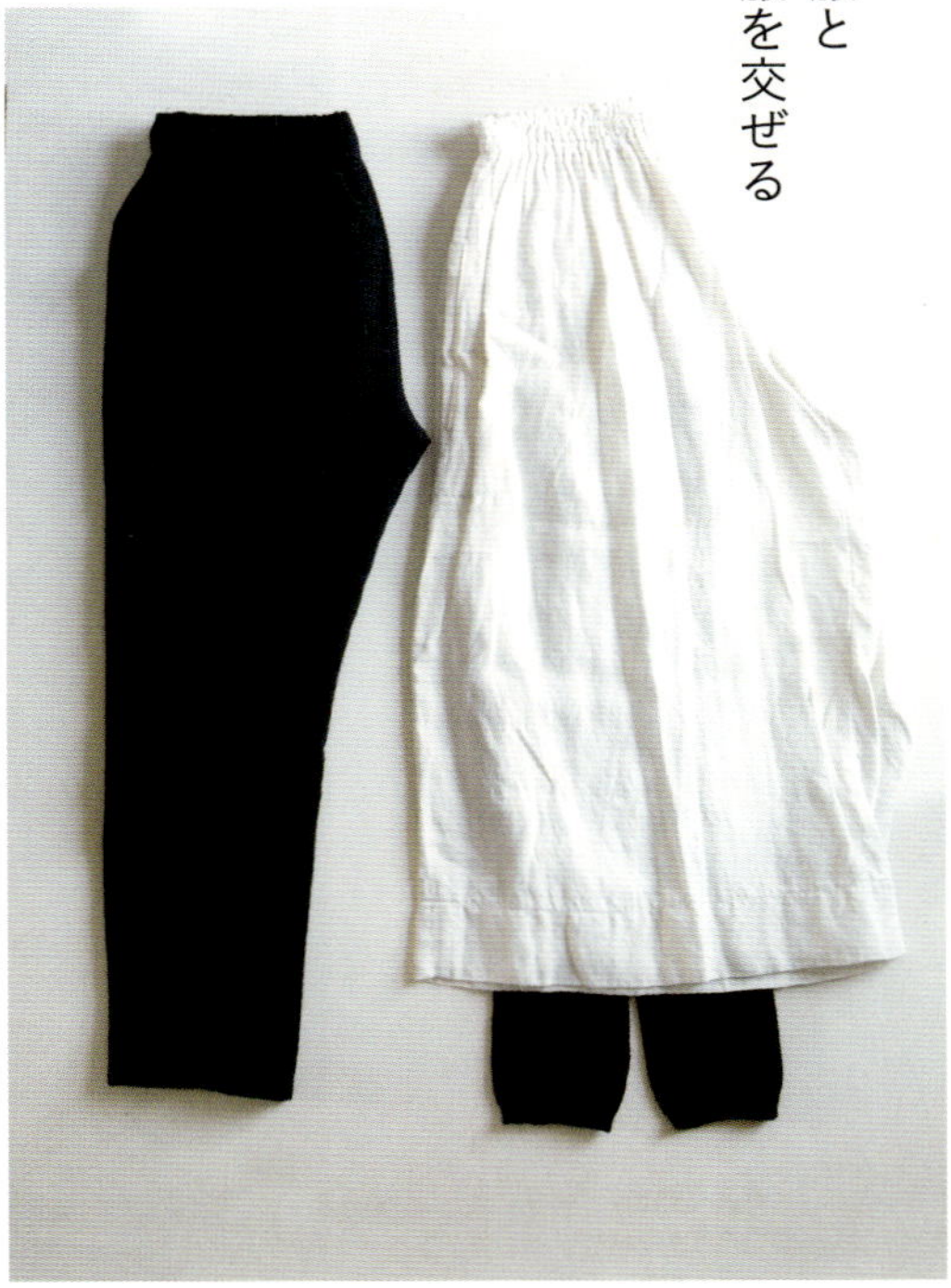

ウールのパンツとリネンのワイドパンツは、どちらも冬のスタメン。ワイドパンツはレギンスを合わせると1年中履けるので、通年活躍してくれます。紺ウールパンツ／Dessert、白ワイドパンツ／CHICU＋CHICU 5/31

ワイドパンツとローブが好きな理由

動きやすさとスカートのようなフェミニンさ。その両方を兼ね備えているのがワイドパンツで、着回し服の1枚にカウントしています。ローブは、気になる腰・太もも周りを隠してくれるお助けアイテム。白ワイドパンツ／CHICU＋CHICU 5/31、ストライプローブ／Veritecoeur

苦手なコーデは鉄板を持っておく

紺のセーターと白のパンツ。体形に合うサロペットと畦編みのニュアンスニット。自分に似合う色や、絶対に外さないコーデをいくつか考えておけば、忙しい朝も安心。紺のニット／無印良品、白のパンツ／evam eva、白のニット／F/style、サロペット／atelier naruse

1枚服とベーシックをバランスよく

たとえばシャツなら、1枚は着回しのきくシンプルなデザイン。もう1枚はバサッと羽織るだけでサマになるデザイン。コーデが決まらない日は、後者の存在に助けられます。白シャツ／nook store、ストライプシャツ／ARTS&SCIENCE

靴下は無地と柄で役割分担

柄ものは「コーデが味けないな」と思ったときのスパイス役。色味がかぶらないよう、お気に入りの店で選びます。無地は履き心地はもちろん、感覚でパッと決めたいときに手に取ります。柄／Bonne Maison、無地／F/style

【管理をラクにする工夫】

ボタンや共布はやたらと取っておかない

購入時についてくる共布や糸は、リペアしてまで着たいお気に入りのものだけ残します。ボタンは筒状のケースに入れ、いっぱいになったら、古くなった底から処分。

中身が見えて探しやすい窓つきカバー

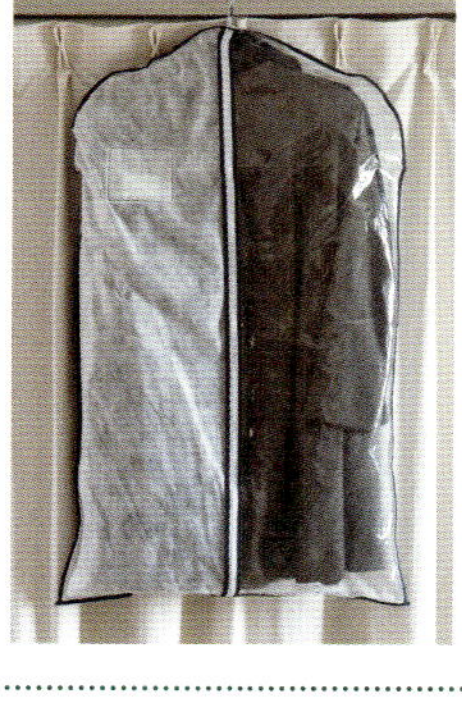

半分が透明になった洋服カバーは、中身が見えて探すのに手間取りません。不織布側には、防虫剤が入れられる胸ポケットも。通販サイト収納の巣で購入。

→CLOSE←

自分らしい収納システムで「しまう」をムリしない

（田中由美子さん）

イケアの収納ユニットを採用し、ひと部屋を丸々クローゼットに。ワードローブは夫婦で分け、管理は別にしています。「戻すのが苦手なので、ハンガーに吊るしています。引き出しも詰め込みすぎず、ゆるっと」。ラクに戻したい田中さんが手前で、ご主人が奥というのもユニーク。

ボトムスは吊るして畳まない

パンツは専用のハンガーに吊るし、畳んでしまうのを回避。戻し待ちのパンツで、ワードローブがごちゃつくのを防ぎます。滑りづらい「マワハンガー」を使用。

入口付近にバッグの定位置

いちいちしまうのが面倒なバッグは、フックに吊るすだけに。簡単な方法で、元に戻す習慣をつけています。ハンガーラックをドアのそばに置けば、アクセスもスムーズ。

下着は必要最低枚数を着倒す

「洗濯は毎日。だから3枚あれば事足ります」。下着は余分に持たず、洗濯サイクルに合った数を。ガンガン着て一度に買い替えれば、管理がラク。

中身はすぐそばのチェストに

ハンガーラックの近くに、バッグの中身を入れる場所を確保。出し入れしやすいよう、チェストの一段目を陣取っています。中はケースで仕切って。

服もバッグも全部見せる。管理がしやすいクローゼット

(野村光吾さん、千明さん)

壁一面にハンガーバーを渡したクローゼットは、洋服が一目瞭然。右が夫、左が妻と分け、「吊るす服」をすべて掛けています。「選びやすいし、取る・戻すがラク。目隠しのカーテンをつける予定でしたが、オープン収納もいいかなって」。着ていない服の整理をしやすい、という利点も。

引っ張るだけで取れる優秀ホルダー

わずか10cm幅にネクタイ20本は収納できる無印良品のハンガーを利用。「目当てのものだけ引っ張って取れる。ズリ落ちることもないんです」。

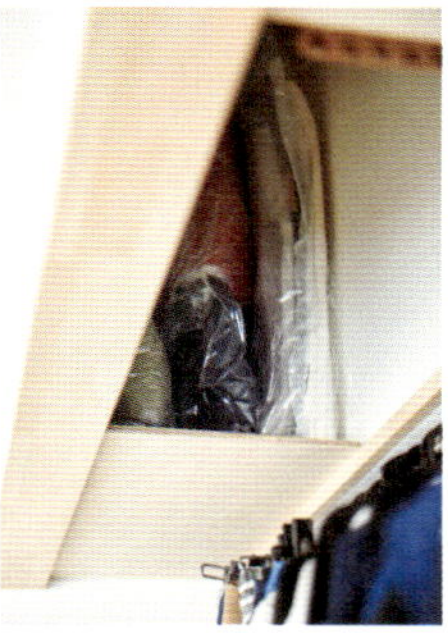

デッドスペースにかさばるダウン

天井の梁に板を渡して、ちょっとした収納に。ダウンジャケットなど季節の衣類を圧縮袋に入れ、取りやすいよう立ててしまっています。

マチありバッグは段差をつけて

長短のS字フックを組み合わせて、マチが重ならないようひと工夫。省スペースに収まります。1フックにひとつ引っ掛けて、出し入れしやすく。

→CLOSE←

平日服と週末服。目的で分けるから使いやすい

（森島良子さん）

1階と2階のクローゼットを上手に使い分けている森島さん。「朝の着替えで2階に上がるのは面倒なので、仕事着は1階にまとめています。2階は週末に着る服を色・柄別に並べ、楽しみながら選びます」。はっきりと分けることで、見つけやすく、管理もラクチン。

仕事着は便利な1階にひとまとめ

リビングのクローゼットに、制服、靴下、バッグなど、仕事着一式を収納。出発準備がパパッと整います。脱いだ部屋着を入れる場所も用意。

お気に入りはフックで指定席

よく使うお気に入りのバッグは、しまい込まず、目につく壁面に。フックに吊るせば、手に取りやすく、出し入れが億劫になりません。

選ばないならいちいち立てない

「パンツでよく手に取るのは上のデニム。選ばないから、ざっくり折って重ねています」。小さく畳んで、立てる手間をカット。手前には、よく履くペチコートを収納。

畳めるバッグは入れ子式

自立しづらい布製のバッグは、トートバッグの中に収納。バッグにバッグを収納すれば、「なんだっけ？」と中身を確認しなくても気がつくもの。

→CLOSE←

シンプルなしくみならどんなものでも吊るせる、収まる

（永野美弥子さん）

永野さん宅のクローゼットは、枕棚にバーを取りつけたシンプルな構造。「つくり込まず、可変性を持たせました。下には衣装ケースが置け、買い足せば収納量が増やせます」。寝具や家電の置き場は別に設け、ここは服だけに。ものが混在しないクローゼットは見た目もすっきり。

バッグは使用頻度で分けておく

外から見えないボックスは、中身を明確に分けておくことが大事。バッグは使用頻度別にし、どちらかひとつを下ろせば見つかるようにしています。

ワンピースのために下段にゆとり

下の空間は、取りあえず衣装ケースを並べがち。「ワンピースを掛けたかったので、あえて空けたままに」。裾がつっかえず、しわもなし。

羽織りものは畳まず吊るす

サッと羽織れるよう、ニットのカーディガンは厚手のハンガーに。畳まなくて済むので、ついやりがちな「そのへん置き」も防げます。

Tシャツは色別に並べて探さない

ブルー系、グレー系、ピンク系。枚数の多いTシャツは、上からパッとわかるよう、同系色でまとめています。洋服選びに迷ったときほど効果的。

OTHER SIDE

干す・運ぶ・収める。すべてがラクだから片づく

（田中あきさん）

田中さんがこの家を選んだ決め手のひとつは、クローゼットの位置。洗面所と寝室の間にあり、衣類の流れがスムーズです。「洗面所の隣には乾燥機を備えた浴室があり、洗う→干す→しまうが一直線。脱いだ服を洗面所に運ぶのもラクで、散らかりません」。

通勤バッグはいつもこの位置

あちこち置きがちなバッグは、足元に置いてもじゃまにならないクローゼットに。定位置を決めることで散らからず、バックの中身も管理しやすい。

パジャマこそきちんとしまう

服を吊るしたハンガーバーの下に、かごを用意してパジャマ入れに。着替えたあとポイッと入れやすく、クローゼットがすっきりと片づきます。

子どものトップスは畳まない

トップスはハンガーに掛けて干し、乾いたらそのままクローゼットへ。掛け外す・畳む・しまう手間をカットできます。しかも選びやすい。

宅配クリーニングがクローゼット

仕事柄、ジャケットが多い田中さん。クリーニングは翌年のシーズンまで保管できるサービスを利用しています。おかげで7割収納を維持でき、出し入れがラク。

全部見渡して、引き出し収納を使いやすく

（藍子さん）

必要なものを持ち、そうでないものは手放している藍子さん。押し入れもムダなものがなく、奥まで見通せて使いやすそう。「パッと見つけたいので、引き出しやボックスは『これはここ』とわかりやすく配置しています。中はゆったり並べて、詰め込みすぎない。美しさも大事です」。

また着る服は指定席を用意

置き場に困る「また着る」服にも、きちんと収納場所を設けています。リビングの収納に突っ張り棒を渡し、ハンガーに引っ掛けて。

突っ張り棒で丈の長いものも収納

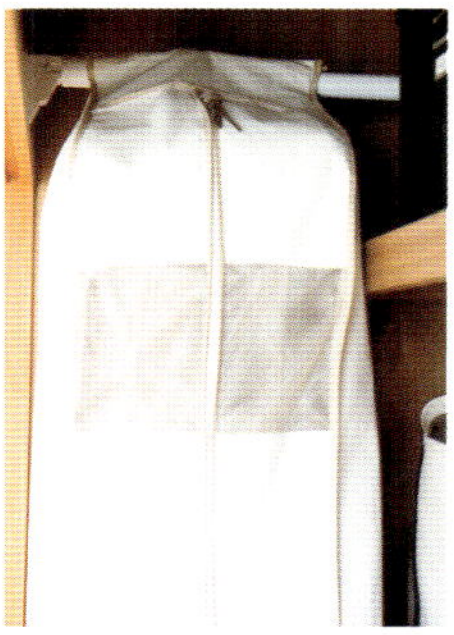

前後の壁に渡した突っ張り棒に、洋服カバーを通して、即席クローゼットに。ワンピースやフォーマルなど、畳むとしわになるものを吊るして。

履く・履かないを分けて選びやすく

引き出しの手前に、今履いているパンツを収納。整理で迷ったものは、後列に置いて一定期間様子見に。分けることで選ぶのを簡単にしています。

種類の多い靴下は仕切りで分ける

引き出しを仕切り板で仕切って、タイツやレギンス、靴下などを種類別に収納。仕切り板は、縦2列にすると強度が増して、ぐらつかないそう。

→CLOSE←

Shoes Closet

靴箱

本、CD、紙袋……。既成概念を取り払い、靴以外もしまう

（本多さおり）

靴箱はわが家の貴重な収納スペース。上手に収めれば50足は入る？ という大容量です。とはいえ、私の靴は10足、夫の靴は11足なので、余ったスペースを納戸として活用。本やCD、アルバム、紙袋、ジム用品などなど、なんでも収納しています。

靴は10足。スペースには合わせない

靴箱に眠っている靴があるとなんとなく気持ちが悪いので、用途別に持ち、少数精鋭で回しています。サボ、革靴、アンクルブーツ、サンダル、冠婚葬祭用など全10足。

突っ張り棒でデッドスペースを活用

靴箱の側板に突っ張り棒を渡し、棚板代わりに。背の低い靴が置け、別のエリアを侵食せずに済みます。かかとが引っ掛かるよう、突っ張り棒の位置を調整。

ジムで使うケア用品を持ち出しやすく

外で使うものは家の中より玄関に置くべし！ というわけで、ジムやスパで使う洗顔料や美容液をポーチに入れ、扉裏のフックに。４段目にはジム用ウェアも。

アクリルの仕切りで紙袋を空中収納

おもたせや急な荷物などに、玄関にあると便利なのが紙袋。傘を収納するスペースに、L型のアクリル仕切りを「コマンド™タブ」で貼り留め、収納場所をつくりました。

防災用品はいつでも更新可能に

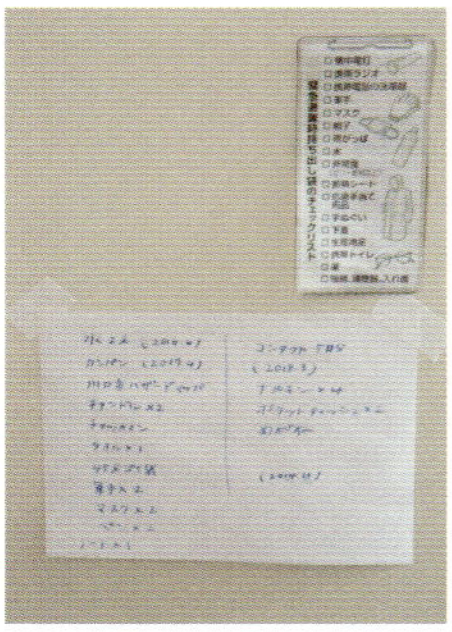

非常用持ち出し袋の中身をメモし、扉裏にペタリ。水や食品は消費期限を書いておけば、いちいち確認しなくても交換できます。新聞記事は「いつか」の見直しのため。

バタバタの朝を救う、鏡と時計

「バスに間に合う？」、「ゴミ収集車はまだ？」。玄関に時計があると、その後の行動が決められてスムーズです。鏡は、あわてて済ませたメイクやヘアのチェック用。

本やCDなど、靴以外のものが半分を占める靴箱。場所を取るティッシュのストックもここ。

→CLOSE←

持って行くもの、持ち帰るものを片づける場所

（森島良子さん）

大容量の靴箱は、半分が靴で、残りが外出用品。ハンカチ、レジャーシート、帽子、虫よけ……と外で使うものを収納しています。「よく考えたら、家の中にある必要ってないですよね？　玄関で管理すれば、すぐ用意できるし、部屋が散らかりません」。一番上にはウエス待ちの古タオルも。

コート掛けがあれば部屋が散らからない

靴箱の向かいの壁にフックを取りつけ、アウター置き場に。玄関で脱ぎ着することで、ソファや椅子に置きっ放すのを防げます。

穴空き靴下の活用法見つけました

ちょっと穴が空いた靴下を捨てるのはもったいない！　というわけで、靴磨きに活用。手にはめて使えば、靴の形にフィットして拭きやすい。

マスクもここなら取りに戻らずに済む

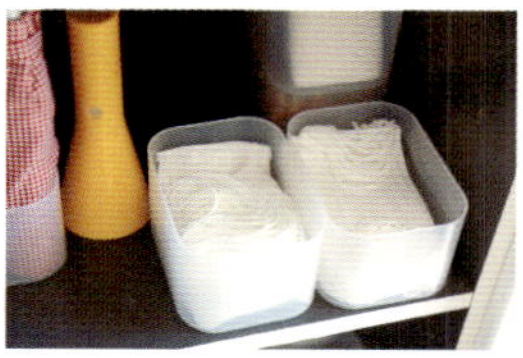

外で使うことが多いマスクは、家の中より玄関に置くのが正解。出かけるときも渡すときも、すぐ取り出せて便利です。ケース2つに、子ども用と大人用を分けて。

夫の小物ステーション。あちこち置かせない

棚1段を夫のスペースにし、散らかりがちな鍵やハンカチ、名刺入れなど、外出グッズをひとまとめに。毎日出し入れすることで、忘れもの予防になります。

→CLOSE←

靴箱と収納を分離。わかりやすいから迷わない

（永野美弥子さん）

北欧のテキスタイルが映える永野さん宅の玄関。靴箱はあえて小さくし、そばに大容量の土間収納を設けています。「その季節の靴だけを収め、それ以外は土間収納に。ひと目で『履く靴』がわかるので、選びやすいし、手入れも入念になります」。出し入れしやすい下段には、子どもの靴を。

防災用品は、壁＋フックで指定席

目につく壁にフックを取りつけ、非常用持ち出し袋を収納。置き場所を固定化することで、「いつもここにある」という安心感が得られます。

入口付近に散歩グッズを

土間収納の入口は、犬の散歩グッズの定位置。扉を開ければ手が届くので、準備や後片づけに手間取りません。「タブトラッグス」にまとめて。

アロマスプレーでいつもいい香りに

香りや成分の異なるアロマスプレーを数種類揃え、イヤなニオイをこまめに消臭＆芳香。虫よけは、犬の散歩や外出前にサッと使えて便利です。

鍵はおしゃれに飾りながら収納

ガラスの器からのぞく馬のオブジェはキーホルダー。つまり、小さな木のボールの中に、鍵を紛れ込ませているのです。おしゃれ！

→CLOSE←

見つけやすく、湿気もこもらない。「見える化」で快適収納

（野村光吾さん、千明さん）

木とモルタルの異素材の組み合わせがカッコいい玄関。印象的な扉は、古い門扉に金網を張ってつくりました。「うっすら見えて、目にうるさくない。通気性がいいのもお気に入り」。レールを上につけて吊り戸にすれば、開閉もラク。

取りやすい端っこにヘビロテ靴

引き戸をちょっと引けばしまえる位置に、よく履く靴を。出しっ放しを防ぐための自衛策です。下段が千明さん、上段が光吾さんと上下で分けて。

サイズぴったりで玄関を広く使う

中途半端なことが多い棚の奥行きは、ご主人の靴サイズに合わせて28cmに設定。デッドスペースをつくらず、玄関を有効活用しています。

探しやすくごちゃつかない

金網の扉は、靴が見つかりやすく、ごちゃつき感がない、絶妙な見え具合。自然と視界に入ってくるので、靴を履き替えるきっかけにも。

貼る・吊るす。すっきりの秘密は壁面収納にあり

（田中由美子さん）

田中さんが靴箱に選んだのは、学校で使うスクールロッカー。ザ・靴箱ではないもの選びに、インテリアへのこだわりが感じられます。「視覚的にごちゃっとするのが苦手なので、扉つきに。スチール製もポイントで、なんでも吊るし、床掃除をしやすくしています」。

防火扉にインフォメーション

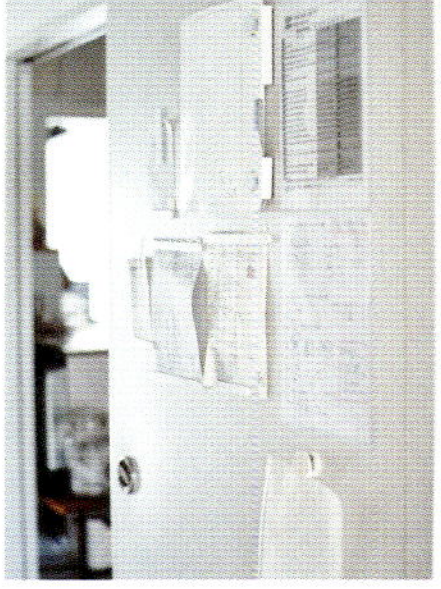

玄関と部屋を仕切る防火扉はスチール製で、マグネットが有効。ゴミの曜日やクリーニングの預かり証などを貼り、家族で情報を共有しています。

フックで子どもが届く高さに

長男が自分で鞄と帽子を片づけられるよう、靴を脱いで3歩の位置に収納を設けました。フックなら、ムリなく上げ下ろしできる高さが叶います。

気になるものも死角なら安心

入口からは見えない側面に、マグネットフックを留めて、鍵や幼稚園の保護者章を収納。靴を履いたまま取れる、という横着も許してくれます。

仕切り棚で収納量倍増

仕切り棚を置いて、空間を分割。デッドスペースを収納に活かしています。アクリル製なら見た目もすっきり。手前の瓶には、ペンと印鑑を。

→CLOSE←

必要数だけ持つ。そうすれば小さい靴箱でも余裕

（藍子さん）

藍子さん宅の靴箱は、セパレート型。届きやすい下はよく履く靴、届きづらい上はレインコートなどを収納しています。「靴は整理を重ね、履かないものは処分しました。今、残っているのは12足」。靴の見直しで生まれたスペースには、DIY用品を。収納庫としても活用しています。

扉裏の姿見でコーデチェック

靴箱の向かいにある収納。子どもが幼く寝室には姿見を置けないので、扉裏に割れない鏡を貼りつけています。万が一子どもが触っても大丈夫。

カッパは箱にコンパクト収納

レインコートは畳むのが面倒で、棚のすき間などに突っ込みがち。専用のボックスを用意し、ざっくり畳んで中へ。玄関がすっきり片づきます。

子どもの靴はお気に入り2足のみ

何足か持っていても、長男は好きな靴ばかり履くため、今は2足に。成長が早い子どもの靴は余分に持たず、必要なときに買い足しています。

引き出しに鍵や印鑑の指定席を

「鍵や印鑑は出しておくのに抵抗があるので、靴箱の上に小引き出しを置き、中にしまいました」。これなら安心で、出し入れもスムーズ。

使い勝手を優先した機能的なシューズクローゼット

（田中あきさん）

→CLOSE←

半畳ほどのシューズクローゼットは、アイテム、量、配置のすべてが計算されていて、じつに使い勝手がよさそう。「DMの処理、帽子や小銭の整頓、雨具の始末……。家をすっきりと保つ上で、玄関でできることって意外にあるんです」。靴も家族3人分を収納。すごい整理力！

掃除道具はボックスにインしてすっきり

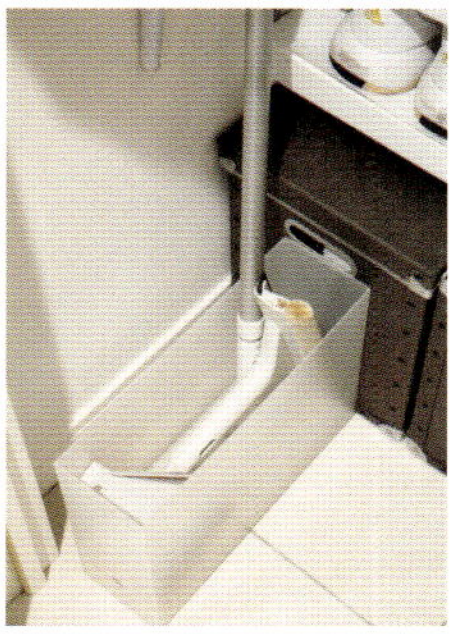

半透明のファイルケースを置いて、中に掃除道具を。フロアモップは先を隠すだけでも、生活感が抑えられます。出し入れのしやすさと美観を両立。

DMはシュレッダーとゴミ入れに直行

DMはその場で要・不要を判断し、いらないものはシュレッダーか紙袋に。部屋に持ち込まないようにしています。替えの紙袋もスタンバイ。

ポケットの小銭は「どうぞこちらに」

ご主人が小銭を置きがちな場所にコインケースをセット。買いものに行くときは、ここから持ち出して使います。隣はポイントカード入れ。

突っ張り棒で引っ掛け収納

壁と壁の間に突っ張り棒を渡し、S字フックを引っ掛けて、帽子を収納。棚に置くと場所を取る帽子がコンパクトに収納できます。散らかりも防止。

みんなの
ジップ袋活用術

どんな家にもひとつはある便利ツール、ジップ袋。キッチン、バッグの中、収納棚……といろんな場所で活躍中でした。

野菜をおいしく使いやすく

右）Lサイズのジップ袋にバラ野菜やフルーツをまとめて。「残量がひと目でわかり、献立を決めやすい。一気に取り出せるのもいいんです」。（本多さおり）　左）野菜をシンプルに調理する田中さんは、鮮度を保つ「野菜保存用ジッパー袋　P－プラス」を愛用。（田中あきさん）

まとめておけばいざというときあわてません

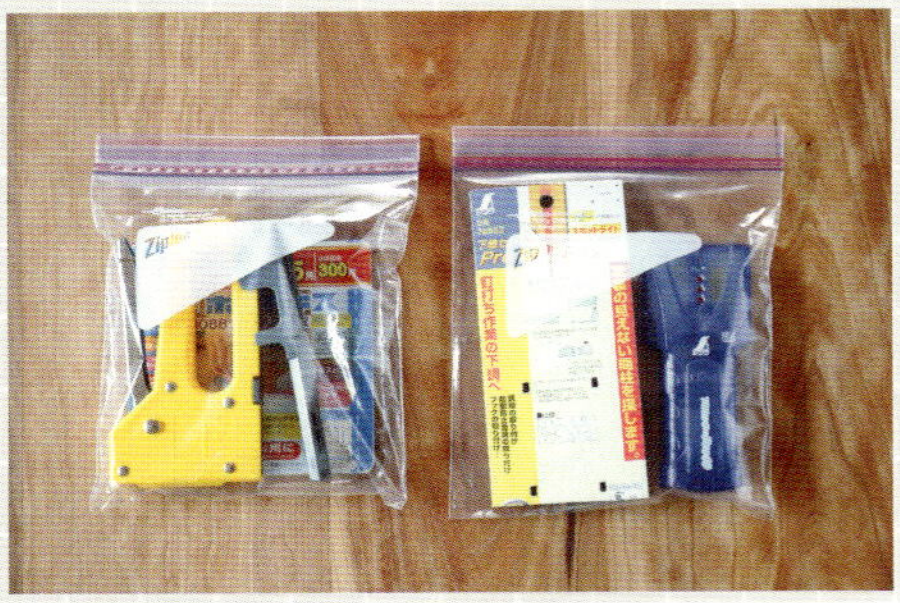
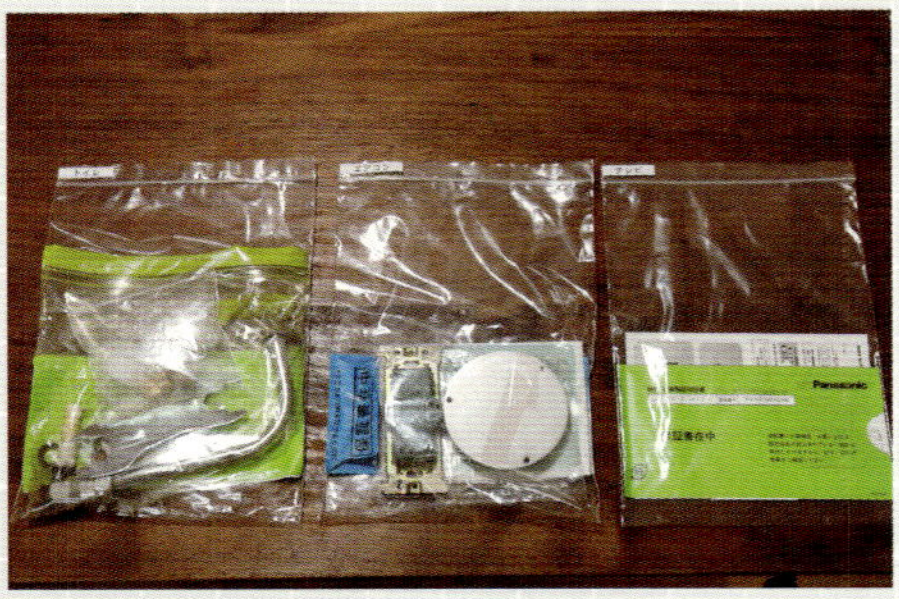

上）使用頻度の低い工具や下地センサーなどは、使い方を忘れがち。「だから、説明が書かれたパッケージごと収納しました」。（永野美弥子さん）　下）家電や設備の保証書をパーツと一緒に収納。「頻繁に開閉しないので、100円のジップ袋で十分」。（藍子さん）

鞄の中をすっきり整頓するポーチ

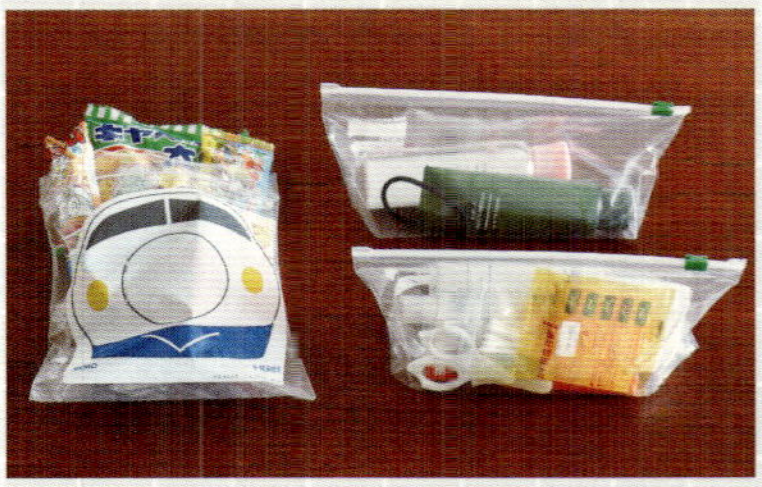

上）ご主人の通勤バッグで発見。開閉しやすいスライドつきのジッパー袋に、充電器類と衛生用品を分けて。（森島良子さん）　下）「マチありの自立式は、置いたまま使えてポーチ感覚」。中身は、旅行用のメイク用品とスキンケア用品。車中で食べるお菓子はかわいらしい袋に。（田中由美子さん）

収納の工夫

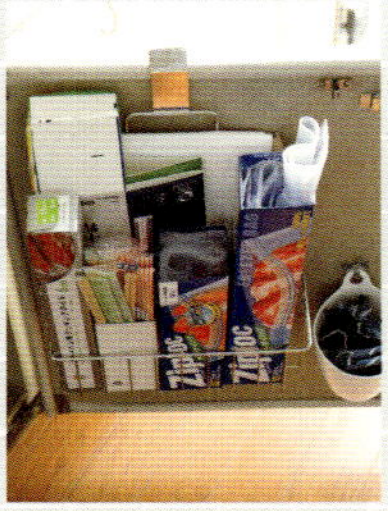

扉裏のホルダーに収納。立てて入れるため、箱の上部を切り取って上から出し入れ。再利用のものは先を引き出し、新品と区別。（本多さおり）

干す場所を探さずにすむよう、シンク上に干し場を。蛍光灯の窪みに突っ張り棒を渡し、フックをぶら下げるだけ。乾いたらシンク下の瓶に立てます。（田中あきさん）

使い方アイデア

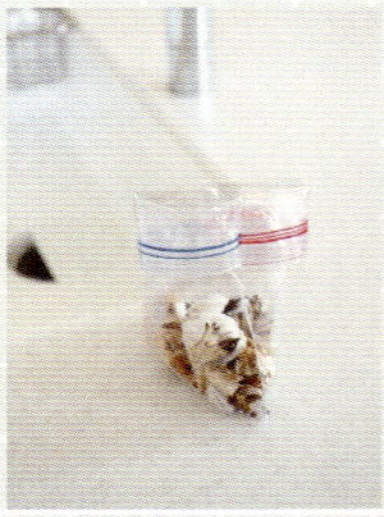

ニオイを通さないジップ袋を生ゴミ入れに。「捨てる前はゴミを入れて。最後のひと働きです」。口を折れば、入れやすい。（永野美弥子さん）

「手で適当にもんでも破れない。ポリ袋ではこうはいきません！」。カットした大根と塩麹を入れ、手でもんで冷蔵庫でひと晩。おいしい浅漬けの完成です。（田中由美子さん）

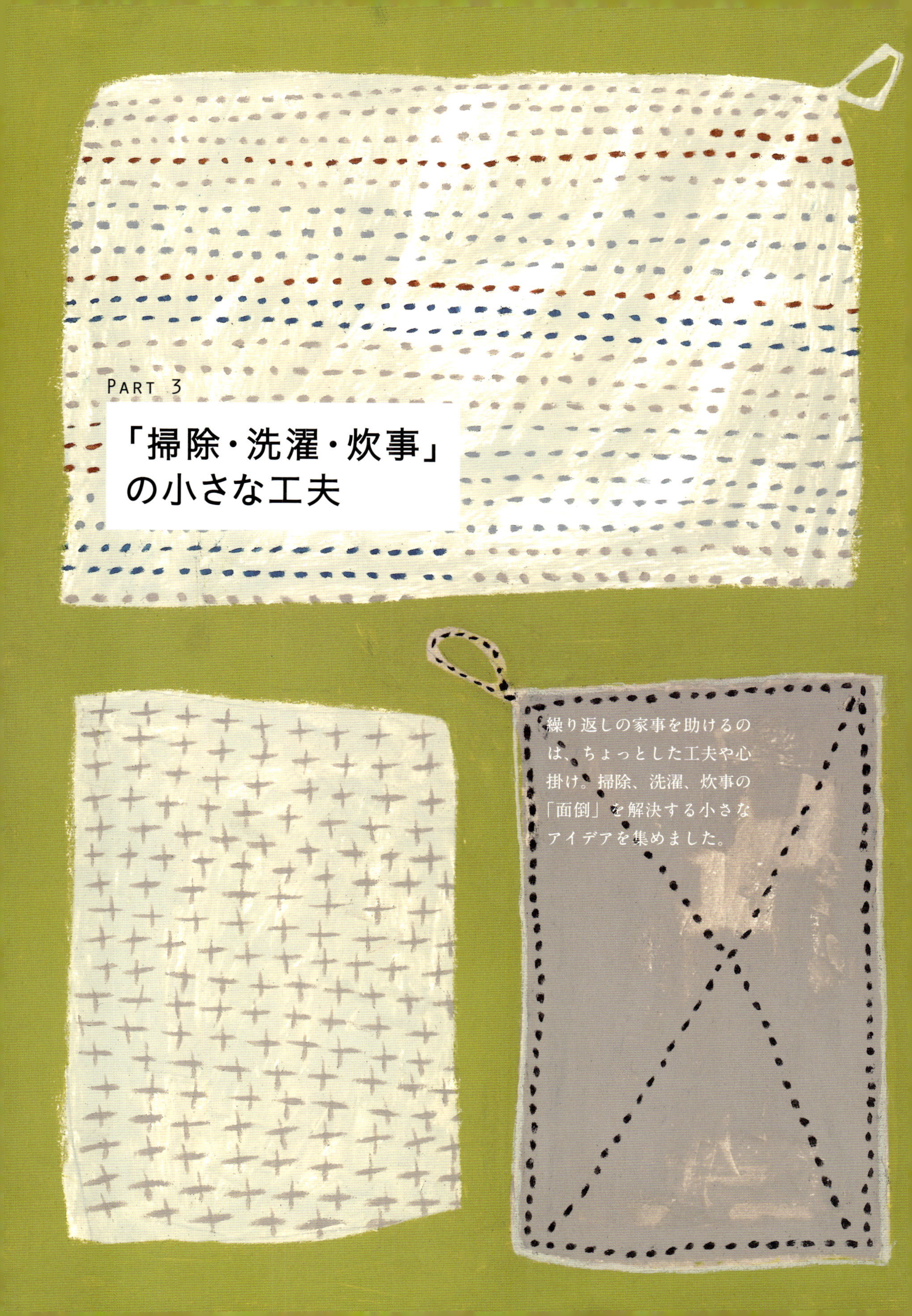

PART 3

「掃除・洗濯・炊事」の小さな工夫

繰り返しの家事を助けるのは、ちょっとした工夫や心掛け。掃除、洗濯、炊事の「面倒」を解決する小さなアイデアを集めました。

Clean up
掃除

しっかり計画する人、気分次第の人。
掃除にはその人の個性が現われていました。
きれいにする方法は、いくつでも見つかります。

本多さおり

できるだけ汚さない

吊るす

浮かせる

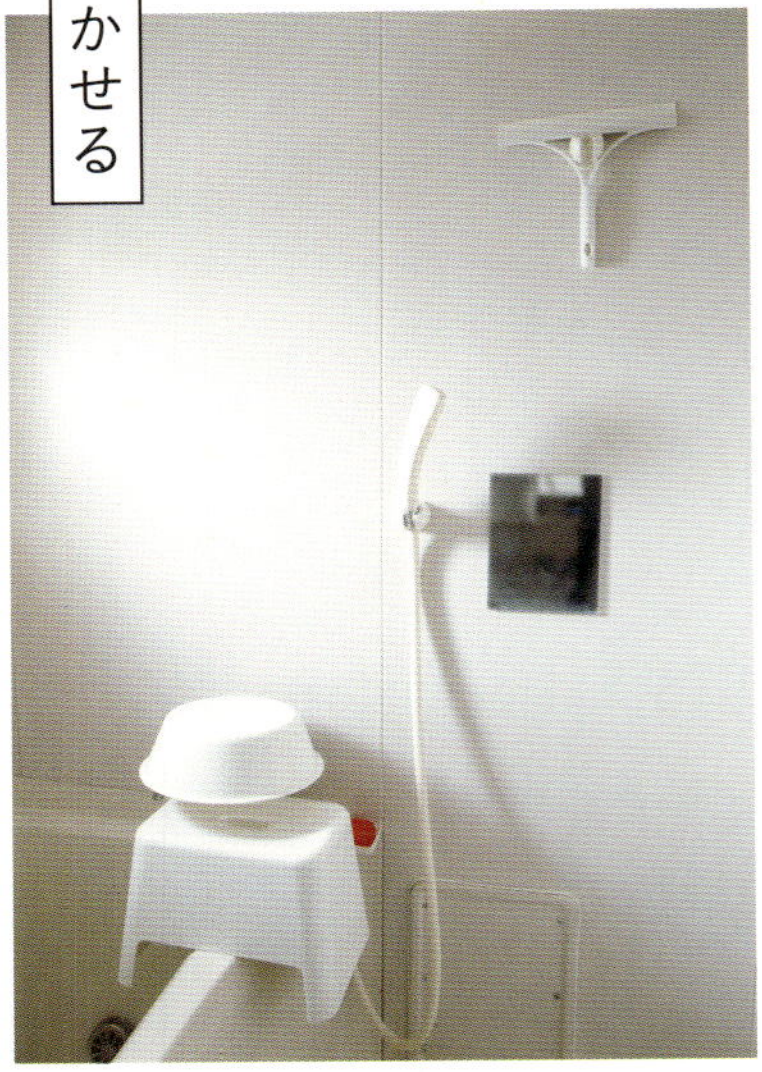

敷く

覆う

ためない、放置しない、汚さない。これが、私が考える掃除の3原則です。なかでも「汚さない」はちょっとした先手の手間で、掃除をぐんとラクにしてくれます。浴室はできるだけ水けを残したくないので、風呂椅子や洗面器は「浮かす」、ボトル類は「吊るす」。油ハネが気になるコンロはアルミシートで「覆う」、冷蔵庫の野菜室は新聞紙を「敷いて」、汚れがつくのを防ぎます。

「いつか」の掃除は段取りを進めておく

年末の大掃除をしない分、汚れに気づいたら掃除をするようにしています。とはいえ、いつもすぐ取りかかれるわけではないので、「いつか」のためにプロセスをひとつ前進させておく。換気扇フィルターは収納場所から1枚引き抜いて、目につくところにスタンバイ。

掃除のチャンスを逃さない

布団上げのあとは床掃除

食器洗いのあとはシンク磨き

晴れの日は窓拭き

掃除は得意な分野ですが、ルーティンをつくるのは苦手。だから、汚れに気づきやすい掃除の「しどき」を常に探しています。たとえば朝の布団上げで、畳があらわになったとき。窓に光が差して、汚れがよく見える晴れの日。食器洗いを済ませて、シンクにものがなくなったときも、掃除のチャンスです。

掃除の成果を実感する

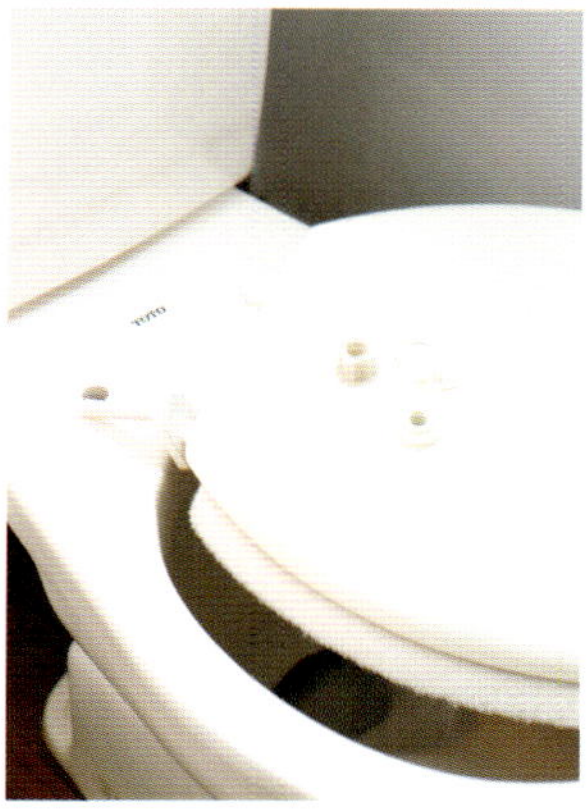

便器のふたが外れるとは知っていましたが、マニュアルを手に入れたのでいざ実行！見えないところまでピカピカになったトイレを見て、掃除は家族が快適に過ごす場所をつくる活動なのだなぁと実感。この体験が、次のきれいを生むのです。

掃除のじゃまになるものは全部しまう

田中あきさん

「ものが出ていないと掃除のハードルが下がります」。調味料は冷蔵庫、調理道具はシンク下にしまって、「つい拭いてしまう」状態に。あらかじめ、収納場所を確保しているのもさすが！

掃除機の電池が切れたら「また明日」

永野美弥子さん

充電式のクリーナーを愛用している永野さん。汚れやすい1階を念入りにかけると、階段途中で充電切れに。「翌日はざっくりかけて2階もクリア。トータルできれいにしています」。

ペットのトイレ問題はチリ紙で解決

永野美弥子さん

「手のひらより大きめで、トイレットペーパーを使うより安心。必要に応じて厚さを変えられるのもいいんです」。1日何枚も使うので、1200枚300円以下という値段も魅力。

目につくほこりがなくても払っておく

田中あきさん

照明の傘や桟など、掃除を後回しにしがちな場所ほど先回り。毎週1回、とりあえずはたきをかけておけば、それ以上汚れがひどくなることはありません。サッとなでるだけ。ラクチン！

床の汚れはそばにあるものですぐに拭く

野村千明さん

「雑巾取りに行かなきゃと思うだけで『まっいいか』となるので、ペット用のウェットティッシュでササッと」。気づいたときのちょこっと拭きで、きれいを維持。

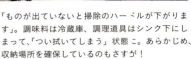

クロスのカビがスルスル落ちるクリーナー

藍子さん

「あれこれ試してもダメだったのにこれは一発。冬場の結露で壁にできたカビが、きれいに落ちたんです」。乾燥すれば人畜無害だそう。「カビ対策プロ　カビ強力除去スプレー」。

日によって目線を変えてみる

田中由美子さん

「同じことの繰り返しは飽きるんです」と田中さん。「今日は上から目線」、「明日は下から目線」とテーマを決めて、自分に挑戦。し終わったあとは、「よし、打ち勝った！」と気分爽快。次の掃除につなげています。

レンジの油汚れにはふきんをレンチン

森島良子さん

レンジに飛び散った油は、冷めると落ちづらいもの。森島さんは、使用後すぐに、温めた台ふきんで拭き取っています。台ふきんは水に濡らして軽く絞り、レンジで15秒ほど加熱。

汚れが目立つ白い床のそばに「マキタ」

森島良子さん

タイプの違う掃除機3台を使い分けている森島さん。コードレスの掃除機は、洗面所のそばに置いて、ゴミや髪の毛をこまめにキャッチ。2階へ上がる階段も近いので、持ち運んで掃除しやすい。

新聞紙でＩＨコンロの油ハネをガード

永野美弥子さん

揚げものをするときは、始める前の準備が肝心。ＩＨコンロの周りを新聞紙で覆い、拭き取る面積を狭めておきます。ふきんがギトギトにならないのもうれしい。

Laundry
洗濯

機械まかせの洗濯も、洗う前と洗ったあとはやっぱり人の手が必要です。洗濯ものの片づけ、どうしていますか？

本多さおり

洗濯は入浴中に済ませる

朝がラクになることから始めた夜洗濯。毎晩入浴時間を利用し、洗濯機を回します。洗面ボウルでYシャツや靴下の予洗いを済ませ、台ふきんや衣類を放り込んだらスタート。1日の垢を丸ごと始末するようで、気持ちがいいものです。

着脱しやすい洗い替えを持つ

かさばる枕や布団のカバーは、洗うのも装着するのも億劫なもの。そこで、カバーの上に敷パッドを重ねて、敷パッドをこまめに洗うように。着脱が面倒なカバーは頻繁に洗わなくて済むようにしました。枕パッドはニトリ、敷パッドは無印良品で購入。

衣類は表に返して畳みやすく

衣類は表向きに畳んでしまうので、脱ぐときに表になるよう気をつけています。でも、夫はたまに裏返しのまま洗濯機にポイ。乾いた洗濯ものはサッサと片づけたいので、洗う前に表に返して洗濯機へ。先手のひと手間で元に戻しやすくしています。

作業台で立ったままの作業を可能にする

リビングダイニングの模様替えで、今まで使っていた机をキッチンに移動しました。ここは洗面所→キッチン→バルコニーを結ぶ道線上にあり、何をするにも便利。洗濯を干す前のしわ取り、取り込んだ洗濯ものの一時置きなど、しゃがまずに作業ができてラク。

洗濯板なら引っ掛からずによく洗える

Yシャツの予洗いには洗濯用ブラシが便利ですが、ブラシが引っ掛かる靴下には洗濯板がおすすめ。無印良品の洗濯板は自在に曲がって、洗うものの形状を選びません。手のひらサイズで持ち運びやすく、長期の旅行にも持って行きます。

靴下はつま先ばさみが乾きやすい

あるとき、取り込んだ靴下の乾き具合に差があることに気づき、薄手と厚手で干し方を変えてみました。乾きづらい厚手は履き口をはさむとさらに厚みが増すので、片足ずつつま先ばさみに。薄手は、１足ずつ履き口をはさんで干しています。

グラデーション干しで気分を上げる

森島良子さん

「洗濯ものは色と形を揃えれば、見た目に美しく干しがいがあります！」。洗濯機から取り出すときにアイテム別に分け、同系色のグラデーションになるよう並べて。

布にも使える植物性の浴用石鹸

藍子さん

浴室で使っている「アレッポの石鹸」を、布バッグやシャツの襟洗いに使用。「ガンコな汚れもよく落ちる。洗濯石鹸は必要ありません」。植物オイルが原料なので、排水もクリーン。

室内干しで天気を気にしない

田中由美子さん

田中あきさん

右）「室内干しを取りつけておけば､雨の日も安心」と田中由美子さん。畳む瞬間まで吊るしておき、「畳み待ち」の洗濯ものをつくりません。
左）田中あきさんは浴室乾燥機を利用。「天気に気をもまなくて済む。ラクですよ！」。バルコニーから取り込む手間をカット。

全部開けてポイポイ放り込む

藍子さん

畳んだ洗濯ものを引き出しに戻すのは億劫なもの。藍子さんは、先に衣装ケースを全部開けておき、その前で畳みながらしまっていくのだそう。引き出しも一気に戻せて、簡単です。

洗濯する人別に分けておく

田中あきさん

脱いだ服を入れるボックスを２つ用意する――。それだけで、仕分けがいらず、ご主人が自分の洗濯をするように。片方には長男と田中さんの服を入れ、田中さんが洗濯。

足拭きマットを卒業する

藍子さん

中山さんはバスマットを持たず、一日使った洗面所の手拭きタオルを使用。入浴後に洗濯機に放り込めば、乾かす場所が必要ありません。洗濯や収納の手間もなし。

自動で洗濯ものがまとまるかごシステム

田中由美子さん

洗い立ての洗濯ものは、床に落としたくないもの。洗濯ハンガーの下にかごを置いて、その中に落とせば衛生的。ひとつひとつ拾う手間もいりません。

乾きにくいバスタオルは風通しよく

野村千明さん

「タオルの風合いを損ねたくないから、日向には干しません！」と野村さん。でも日陰では乾きが悪いので、もの干し竿を上下に２本渡し、風が通るすき間を空けて干しています。

干す道具別に分けて効率よく干す

永野美弥子さん

上、右）洗い上がった洗濯ものは、ハンガー、ピンチ、スタンド式……と干す道具別に仕分け。掛ける・挟むといった同じ動作ですむため、効率的に干せ、あちこち移動せずに済みます。ラクチン！

ボックスにまとめれば運びやすい

田中由美子さん

別々にしまいがちなハンガーとピンチは、ひとつのボックスにまとめて収納。持ち運びが一度で済み、片づけるのも簡単です。定位置は室内もの干しのそばですが、来客時に備えて収納場所も確保。

Cooking

炊事

1日3度、1年1000回の食事づくり。だからこそ手軽に、できればおいしく。しっかりと家族の健康を支えます。

本多さおり

家にあるキャンプ用品を鍋代わりに

味噌汁用の小鍋が欲しくて探していたところ、家にあるキャンプ用のクッカーが使えるのでは？　と思い立ちました。容量１ℓのクッカーは２人分の汁ものをつくるのにちょうどよく、卵をゆでるのにも最適。

味噌汁の残りをクッカーごと冷蔵庫へ。柄が折れるので、保存も省スペースで済みます。カバーつきの持ち手は、調理中つかんでも平気。

下処理済みの食材を便利に使う

「食べ切らなきゃ」というプレッシャーと無縁の缶詰やドライパック、大好きです！　とくに、下処理に手間がかかる魚や豆は積極的に活用。右）鯖の水煮缶は、豆腐や調味料、片栗粉を混ぜて成形し、蒸し焼きにした「サバーグ」に。これはクックパッドで見つけたレシピ。左）ポテトサラダにミックスビーンズを混ぜてかさ増し。見た目にも新鮮。

生ゴミにおわせません！

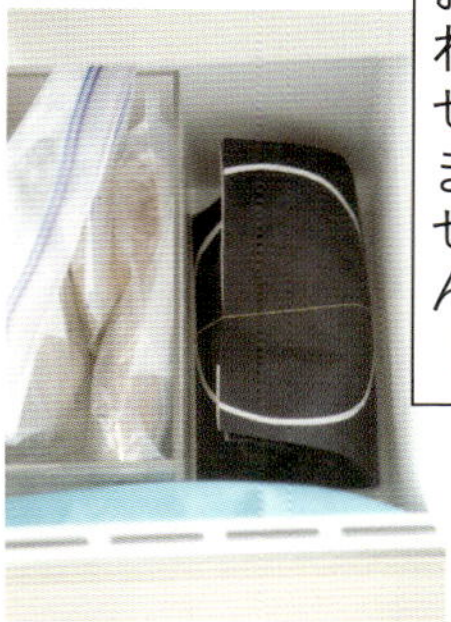

わが家の三角コーナーは、持ち手をカットした紙袋。自立するので、片手で放り込めて便利です。終わったら輪ゴムで留めて冷凍室へ。ゴミの日の朝取り出して処分。

後始末をラクにする

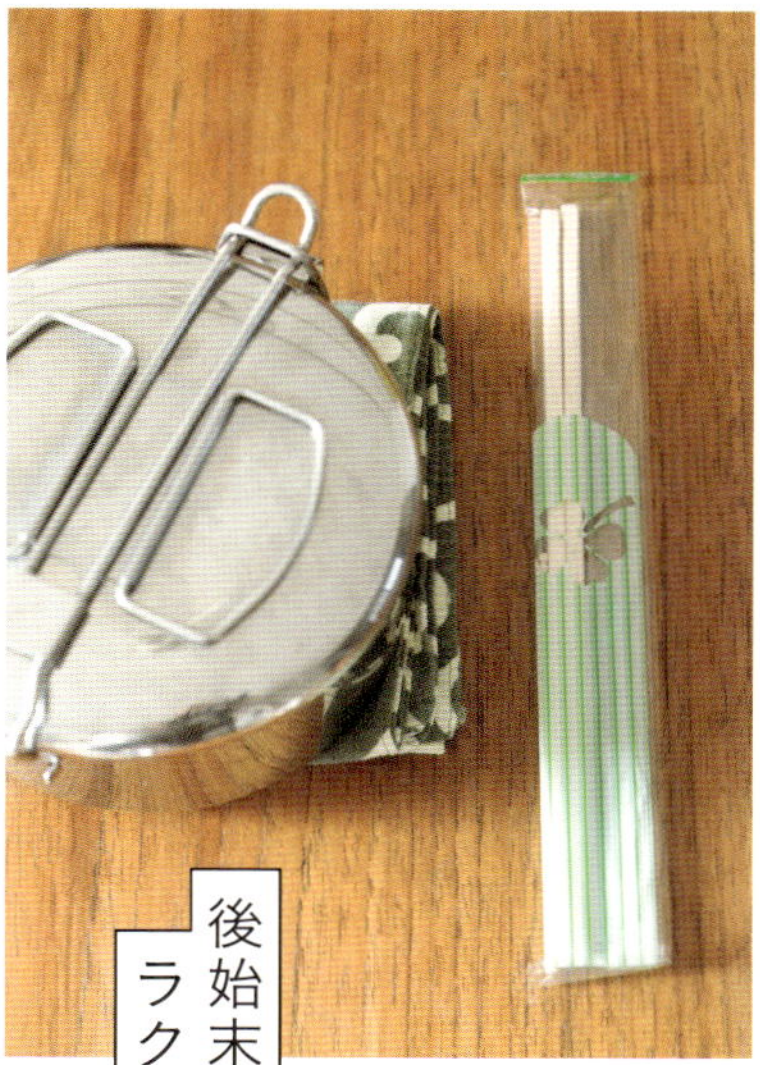

右）卵焼きやお好み焼きなど、油がべったりつくものは牛乳パックの上でカット。まな板を汚しません。そのまま処分して、洗う手間も省きます。左）「時間が経った弁当箱は洗いづらいな」。その声が届いたのか、夫が弁当箱を洗って持ち帰るようになりました。これには私も大助かり。代わりにと、箸は洗わずに済む割り箸を持たせています。

小さなサイズで消費期限を気にしない

食品をムダにしない「始末のよい食品管理」が加速しています。たとえばマヨネーズ。以前は200ｇのチューブタイプを使っていたのですが、今では6ｇの個包装に。マスタードは40ｇ、ピクルスの素は50mlにサイズダウンしました。コスパは落ちますが、使い切れず廃棄するよりは気持ちがラク。

計量カップと茶こしで乾物戻し

乾物はヘルシーだとわかっていても、たっぷりの水で戻すのが億劫で敬遠してきました。計量カップと茶こしの口径が同じだったことから、少量の湯で試したところ3分で湯戻し完了。お弁当の卵焼きなどちょこっと入れたいときに便利です。

手をかけず　おいしくなる方法を知っておく

田中あきさん

刻んだキャベツときゅうりに塩をまぶしてもみ、白だしで和えてごまを飾るだけ。おいしい調味料があれば、シンプルな料理法でも立派な一品になります。「まほうだし」は光浦醸造のもの。

ご飯は炊き上がりすぐに冷凍保存

野村千明さん

「この方法なら10年炊飯器でもおいしくなります！」。一度に5合のお米を炊き、ブザー音と同時に駆けつけてふっくら混ぜ、1膳ずつ保存容器へ。すぐに冷凍し、炊きたてのおいしさをキープ。

何かと便利な　きのこを欠かさない

永野美弥子さん

永野さんが冷凍庫にストックしていたのは3種のきのこ。「うまみがあって、かさ増しにもなる。味噌汁や煮ものなど、何かもの足りないな、と感じたら、鍋にポンと放り込みます」。

下ごしらえの食材は料理ごとに分ける

田中あきさん

田中さんが夕食の準備をするのは前日の夜。食材を一気にカットし、料理別に保存容器に入れ分けます。翌日調理するときは、容器ごとに鍋に入れればＯＫ。

2分で用意できる朝ご飯、考えました

野村千明さん

ふりかけ、ちりめんじゃこ、鮭フレーク、梅練りチューブ……。日持ちするご飯の友があれば、時間がない朝でも大満足の朝食に。お湯を沸かし、冷蔵庫から取り出し、ご飯をレンチンする。たった2分でそれは叶います。

解凍済みの魚は塩麹漬けでおいしく

田中あきさん

食べるつもりで解凍した魚を使い損ねた！　かといって冷凍するのも……。「そんなときは、全体に塩麹を塗りつけて冷蔵庫で保存すれば、翌日まで持ちますよ」。風味も増して美味。

なんにでも合う万能だれをひとつ持つ

藍子さん

みじん切りのしょうが、にんにく、大葉を漬けたしょうゆだれ。唐揚げはこのたれと料理酒を１対２で合わせ、肉にもみ込んで片栗粉をまぶし揚げるだけ。チャーハンにも。

【洗いもの、どうしてる？】

スポンジを選ぶ、プロセスを効率化する………。
洗いものの負担を軽くする、みんなの工夫をご紹介。

スポンジは小回りが利く小さめ

野村千明さん

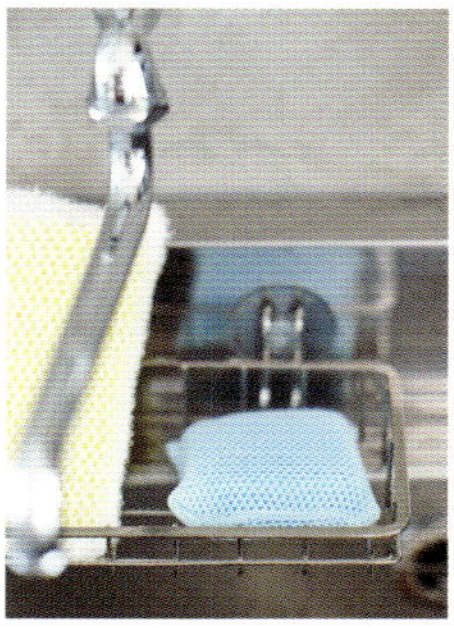

野村さんが使っているのは、手のひらにすっぽり収まる小さなスポンジ。「力が伝わりやすく、汚れを落としやすいんです。四角いものの隅を洗うのにも便利」。

洗いづらい大きな皿は使わない

田中由美子さん

「手が小さいので大きな皿は持て余してしまって……。洗うのにもたつくんです」。手のひらサイズの皿を選び、洗う枚数よりも、洗うスピードを重視。

ピラミッド積みなら洗う・戻すがラクチン

森島良子さん

←

←

右、中、左）食器を大→小順に「ピラミッド積み」し、効率的に片づけます。まず、食器は大きさ別に分け、大→小の順に洗って「ピラミッド積み」。上から順にすすいで水切りかごに並べ、外側の食器から拭いて置けば、大→小の順に積まれて運ぶのがラク。

わが家の

道具の適量

ボウル、お玉、マグカップ、フライパン……。数から見えてきたそれぞれの台所事情を、本多解説でお届けします。

過不足なく持ち 気持ちよく使う

本多さおり
（2人家族）

「ボウル5、お玉2、マグカップ4、フライパン3。これが今の私の適量。大鍋は持っていないので、フライパンのひとつは深型を選んで鍋代わりにしています。ボウルはざるとセット使用、お玉は汁用と煮もの用。1杯のお茶も器で味が変わるので、マグカップは大好きなイイホシユミコさんのものを」

パスタ、アスパラ、ほうれん草etc.　深型のフライパンは長さやかさのあるものをゆでるのに便利。早く沸騰し、ゆでこぼしがラク。

好きなデザインを選び 長く愛用する

野村光吾さん、千明さん
（2人家族）

「料理好きの男性は道具が多いと思っていましたが、どれも少なめでびっくり！　柳宗理のボウル、益子焼のマグカップ、と気に入ったものをひとつひとつ選び、大事に使っている様子がうかがえます」。

バットより省スペースな ボウルを多用

永野美弥子さん
（3人家族）

「ボウルが多めなのは、料理の工程が丁寧だから。切り分ける、水に晒す、塩もみするなど、バット代わりに使っているようです。一方でフライパンは26cmに一本化」。

弁当や朝食のおかずは卵焼き器で。「小さいので、準備も後片づけもラク」。鉄製は短時間で火が通り、うまみを逃しません。

用途が異なるものだけ複数持つ

藍子さん
（3人家族）

「ミニマム暮らしの藍子さん。『食器洗いが嫌い』というのも、持たない理由のようです。お玉はすくいやすさから、汁用と煮もの用の2つ。私も同じ持ち方です」。

マグカップを冷蔵庫の整頓に使用。逆さまに立てるケチャップを倒れないようにしています。数が多めなのは、来客が頻繁だから。

いろいろ持って選ぶのを楽しむ

田中由美子さん
（3人家族）

「器好きの田中さんはマグカップが多め。デザイン違いを2つずつ持ち、選べるようにしています。ボウルがマチマチなのは、夫婦が独身時代に使っていた名残。一番上は縁つきで、卵液を流し入れたり、中身を混ぜるのに便利そう」。

シンプルにつくるミニマムに持つ

田中あきさん
（3人家族）

「気持ちがいいくらいミニマムな持ち方！ 田中さんはシンプルな調理法が多いそうですが、それが道具の少なさに結びついているのじゃないかな、と思います。しかもフライパンの取っ手は使い回せるものを1本。合理的」。

フライパンでつくり置きをラクにする

森島良子さん
（4人家族）

「常備菜を欠かさない森島さんは、フライパンが多め。一度に週5日分つくるため、28cmを3つ持っています。上の2つは卵専用。お子さんのアレルギー対策だそう」。

「口径が小さいと、こぼれるのを心配してそろそろ入れないと……。でもこれは大きめで、一気にガッと入れられます」。

みんなの家事ブック

本多さおりの「家事がしやすい」部屋探訪

2016年1月15日　初版第1刷発行

監　修　本多さおり
発行者　滝口直樹
発行所　株式会社マイナビ出版
〒101-0003
東京都千代田区一ツ橋2-6-3一ツ橋ビル2F
TEL　0480-38-6872（注文専用ダイヤル）
03-3556-2731（販売部）
03-3556-2735（編集部）
URL　http://book.mynavi.jp
印刷・製本　図書印刷株式会社

ISBN978-4-8399-5654-7

◎監修者プロフィール

本多さおり

整理収納コンサルタント。2011年に個人向け整理収納サービスをスタートし（現在は休止中）、初著書『片付けたくなる部屋づくり』（ワニブックス）が13万部を超えるベストセラーに。
収納の固定概念にとらわれず、「自分がラクしたいから」という気持ちに素直に向き合う姿勢が主婦の共感を集めている。2015年「片づけやすいしくみは、家事を快適にする」と初の家事本『家事がしやすい部屋づくり』（小社）を刊行。結婚6年目で第1子を授かり、現在は育休中。

「本多さおり　official web site」
http://hondasaori.com/
ブログ「片付けたくなる部屋づくり」
http://chipucafe.exblog.jp/

構成・文　浅沼亨子
写真　安部まゆみ、林ひろし、今村成明
デザイン　葉田いづみ
イラスト　武藤良子
間取り制作　アトリエプラン
校正　西進社

〈注意事項〉
※掲載されているお宅は個人宅であり、ご紹介したものはすべて私物です。現在は手に入らない場合もありますので、ご了承ください。
※家事や収納のアイデアを取り入れる場合は、個々の事情に合わせて、安全性や有用性などを十分に検討し、個人の判断で行なってください。
※掲載されているデータは、すべて取材時のものです。